Heidelberger Taschenbücher Band 93

O. Komarnicki

Programmiermethodik

Mit 80 Abbildungen

Springer-Verlag Berlin · Heidelberg · New York 1971

OSWALD KOMARNICKI

Siemens Aktiengesellschaft, Zentralabteilung Betriebswirtschaft,
Hauptabteilung Organisation, München

ISBN-13:978-3-540-05446-7 e-ISBN-13:978-3-642-65220-2
DOI: 10.1007/978-3-642-65220-2

Das Werk ist urheberrechtlich geschützt. Die dadurch begründeten Rechte, insbesondere die der Übersetzung, des Nachdruckes, der Entnahme von Abbildungen, der Funksendung, der Wiedergabe auf photomechanischem oder ähnlichem Wege und der Speicherung in Datenverarbeitungsanlagen bleiben, auch bei nur auszugsweiser Verwertung, vorbehalten.
Bei Vervielfältigungen für gewerbliche Zwecke ist gemäß § 54 UrhG eine Vergütung an den Verlag zu zahlen, deren Höhe mit dem Verlag zu vereinbaren ist. © by Springer-Verlag Berlin · Heidelberg 1971. Library of Congress Catalog Card Number 72—158514
Die Wiedergabe von Gebrauchsnamen, Handelsnamen, Warenbezeichnungen usw. in diesem Werk berechtigt auch ohne besondere Kennzeichnung nicht zu der Annahme, daß solche Namen im Sinne der Warenzeichen- und Markenschutz-Gesetzgebung als frei zu betrachten wären und daher von jedermann benutzt werden dürften.

Universitätsdruckerei H. Stürtz AG, Würzburg

Vorwort

Die Ausbildung zum Programmierer kann bisher nur ein Grundwissen vermitteln, welches im wesentlichen auf Hardware-, Software- und Logikinformationen ausgerichtet ist. Alle anderen Informationen, z. B. wie man effektiv arbeitet, welche Möglichkeiten existieren, wann welches Hilfsmittel zweckmäßig einzusetzen ist usw., werden der Erfahrung des Programmierers überlassen. Dies bedeutet, daß der Niveauunterschied zwischen einem erfahrenen und einem Anfangsprogrammierer erheblich ist und erst nach einem Jahr Tätigkeit ausgeglichener wird.

Diese Zeitspanne soll durch dieses Buch verkürzt werden. Es richtet sich also in erster Linie an den Programmierer, der mindestens eine Programmiersprache und ein Betriebssystem kennt, aber natürlich auch an alle an der Datenverarbeitung Interessierten, die über das Grundwissen verfügen und sich mit der Technik des Programmierens vertraut machen wollen.

Diese Informationen sind überwiegend für Programmierer kommerzieller Aufgaben gedacht, die mit mittelgroßen DV-Anlagen arbeiten. Für kleine Anlagen können sich unter Umständen andere Empfehlungen ergeben, da nicht so große Anforderungen gestellt werden müssen. Alle Hinweise gelten für den Normalfall, für Sonderfälle können auch andere Methoden zweckmäßig sein.

Soweit als möglich sind die Empfehlungen unabhängig von einem bestimmten Anlagentyp. Sind spezielle Angaben gemacht, dann beziehen sie sich auf das Siemens-System 4004.

Die hier genannten Empfehlungen basieren auf Unterlagen bzw. Erfahrungen, die von den programmierenden Stellen im Hause Siemens stammen.

Dem Hause Siemens möchte ich meinen Dank für die gewährte Unterstützung und die Überlassung der Unterlagen aussprechen.

München, im Frühjahr 1971   Oswald Komarnicki

Inhaltsverzeichnis

1. Pflichtenheft 1
   1.1. Aufbau des Pflichtenheftes 1
   1.2. Inhalt des Pflichtenheftes 1
   1.3. Änderungsdienst 2

2. Datenflußplan 4
   2.1. Aussagen des Datenflußplanes 4
   2.2. Sinnbilder des Datenflußplanes 4
   2.3. Form der Datenflußpläne 7
   2.4. Bedeutung für die Programmierung 8

3. Programmierung und Programmablaufplan 9
   3.1. Aufgaben der Programmierung 9
   3.2. Studium der Aufgabenstellung 11
   3.3. Programmablaufpläne 11
   3.4. Codierung der Befehlsfolge 13
   3.5. Umwandlung in ablauffähige Programme 17
   3.6. Programmfreigabe und Programmübergabe 17

4. Vorarbeiten für die Programmierung 23
   4.1. Organisatorische Vorarbeiten 23
   4.2. Programmierfestlegungen 24
   4.3. Aufgabenteilung 24

5. Systematik des Programmaufbaues 26
   5.1. Vorteile von AMIGO 26
   5.2. Hierarchie des Programmaufbaues 27
   5.3. Festlegung von Steuerinformationen 28
   5.4. Programmablaufplan für AMIGO 31
   5.5. Adressierung 43
   5.6. Sonstige Varianten von AMIGO 44

6. Maximen der Programmierung 45
   6.1. Sicherheit 45
   6.2. Änderungsfreundlichkeit 46
   6.3. Übersichtlichkeit 48
   6.4. Testfreundlichkeit 50
   6.5. Hantierungsfreundlichkeit 52

7. Benutzung der Anwendersoftware 53
   7.1. Module und Makros 53
   7.2. Standardprogramme 54
   7.3. Vorhandene Standards 55

8. Ablauftechnische Sicherung von Programmen 56
   8.1. Softwaregesicherte Vorgänge 56
   8.2. Selbsterzeugte Sicherungen 57
   8.3. Vertretbarer Aufwand 59

9. Hantierung 60
   9.1. Die verschiedenen Hantierungsmaßnahmen 60
   9.2. Standardhantierungen 62
   9.3. Protokolle 62
   9.4. Eingaben über Bedienungsblattschreiber 63
   9.5. Hantierung an den sonstigen Geräten 63
   9.6. Hantierungszeiten 64
   9.7. Sonstige Hinweise zur Hantierung 65
   9.8. Hantierungsvorschrift 65
   9.9. Checkliste: Hantierung 73

10. Modifizierung von Programmen 77

11. Bedingungen des Multiprogramming 78
    11.1. Kapazitäten einer DV-Anlage 79
    11.2. Benutzung des Kernspeichers 79
    11.3. Programmketten 83
    11.4. Konventionen für das Multiprogramming 84

12. Optimierung des Kernspeicher- und Zeitbedarfs 85
    12.1. Optimierung des Kernspeicherbedarfs 85
    12.2. Optimierung des Zeitbedarfs 89

13. Testmethoden 90
    13.1. Schreibtischtest 90
    13.2. Maschinentest 92
    13.3. Kombination von Schreibtisch- und Maschinentest 94
    13.4. Testanweisung 94

14. Teststrategie 98
    14.1. Testplan 98
    14.2. Testabschnitte 99
    14.3. Größe der Testabschnitte 101
    14.4. Testvorbereitung 102
    14.5. Testauswertung 103
    14.6. Fehlersuche 104
    14.7. Fehlerkorrektur 106
    14.8. Simulation 109
    14.9. Fehlergruppen 109
    14.10. Informationen und Unterlagen zur Fehlersuche oder Testauswertung 114

15. Testdaten 123
    15.1. Zusammensetzung der Testdaten 124
    15.2. Datenlieferant und Ergebnisauswerter 126
    15.3. Testdatenerstellung 127
    15.4. Archivierung der Testdaten 129

16. Testhilfen 129
   16.1. Klassifikation der Testhilfen 130
   16.2. Test-Module 131
   16.3. Trace und Ablaufverfolger 131
   16.4. Datenträgervergleich 132
   16.5. Sonstige Testhilfen 132
   16.6. Testhilfen in symbolischer Anweisungsform 134
   16.7. Auswirkungen der Testhilfen 134

17. Dokumentation der Programme 136
   17.1. Zweck der Dokumentation 136
   17.2. Inhalt der Dokumentation 137
   17.3. Form der Dokumentation 139
   17.4. Übergabe an die Pflegegruppe oder an das Rechenzentrum 140
   17.5. Unterlagensicherung 140

18. Programmpflege 141
   18.1. Voraussetzungen für den Pflegedienst 141
   18.2. Durchführung von Änderungen 142
   18.3. Dokumentation der Änderungen 143
   18.4. Test von Änderungen 143

19. Benutzung der geeigneten Programmiersprache 145

20. Zusammenarbeit mit der System- und Programmbetreuung 148

1. Pflichtenheft

Nicht überall ist bisher die schriftliche Aufgabenstellung selbstverständlich geworden, häufig findet man noch die Programmierung auf Zuruf. Sie ist aber eminent wichtig, da sonst keine effektive Arbeit geleistet werden kann. Alle Aufgaben sollen in einem Pflichtenheft zusammengestellt werden. Es hat folgende Zwecke zu erfüllen:

- *Klare Aufgabenvorgabe.* Die Aufgabenstellung wird bei schriftlicher Fixierung besser durchdacht, enthält weniger Widersprüche und läßt Lücken leichter erkennen.
- *Trennung von Entwicklung und Programmierung.* Diese Trennung, die heute noch überwiegend besteht (DV-Organisator-Programmierer), erhält damit eine klare Abgrenzung.
- *Einwandfreie Dokumentation.* Die Aufgabenstellung kann als Dokumentationsunterlage benutzt werden.

Das Pflichtenheft muß vom DV-Organisator in Zusammenarbeit mit der Fachabteilung und ggf. unter Hinzuziehung von Programmierern erstellt werden.

1.1. Aufbau des Pflichtenheftes

Der Aufbau des Pflichtenheftes kann einen wesentlichen Einfluß auf die Programmierung haben. Eine unübersichtliche Aufgabenstellung erschwert dem Programmierer die Arbeit erheblich. Aus diesem Grund müssen folgende Anforderungen gestellt werden:
- Keine langatmigen Beschreibungen.
- Klare Gliederung der Thematik, z.B. Trennung der Datenerfassung von der Verarbeitung.
- Klare Erkennbarkeit der Bedingungen und Anforderungen.
- Aus der Aufgabenstellung für ein Verfahren müssen sich ohne Umarbeitung die Aufgabenstellungen für die Programme extrahieren lassen.
- Einzelne Blätter des Pflichtenheftes müssen austauschbar sein.

1.2. Inhalt des Pflichtenheftes

Die Aufgabenstellung setzt sich aus Pflichtenheft und Datenflußplan zusammen. Der Datenflußplan ist im Kap. 2 behandelt.

Für das Pflichtenheft gibt es bezüglich der äußeren Form keine Norm, wohl aber bezüglich des Inhalts. Der in Abb. 1.1 aufgeführte Inhalt zielt auf das gesamte Verfahren. Für ein Programm müssen die erforderlichen Unterlagen entsprechend zusammengestellt werden.

Eine Aufteilung des Pflichtenheftes in einen betriebswirtschaftlichen und einen DV-technischen Teil kann zweckmäßig sein, wenn Planung und Programmierung voneinander getrennt vorgenommen werden.

1.3. Änderungsdienst

Neben den recht unvollkommenen Aufgabenstellungen bereitet auch die Form des Änderungsdienstes der Programmierung erheblichen Kummer. Eine unausgereifte Aufgabenstellung verursacht während der Programmierung viele Änderungen. Diese müssen z.T. an schon fertigen Programmteilen durchgeführt werden. Die Änderungen werden als Sammeländerungen, die nur als Nachtrag zum Pflichtenheft abgelegt werden können, oder nur mündlich gegeben.

Durch dieses System entstehen folgende Nachteile:
- Keine kontinuierliche Programmierarbeit möglich.
- Doppelarbeit durch Umarbeitung fertiger Programmteile.
- Fehlerhafte Programme, Änderungen werden vergessen.
- Termine können nicht eingehalten werden.
- Die Programme verlieren an Effektivität.

Aus diesen Nachteilen lassen sich folgende Forderungen ableiten:
- Die Programmierung darf erst beginnen, wenn ein bestimmter Reifegrad der Aufgabenstellung erreicht ist.
- Änderungen sind für eine gewisse Zeit zu stoppen.
- Änderungen müssen in Form von Austauschblättern des Pflichtenheftes kommen.

Wesentliche Angaben	Ergänzungen	Hinweise
Die in dieser Rubrik genannten Punkte **müssen** in einem Pflichtenheft enthalten sein.	Die in dieser Rubrik genannten Punkte **sollten** in einem Pflichtenheft enthalten sein.	Die in dieser Rubrik genannten Punkte **können** in einem Pflichtenheft enthalten sein.
1. Zweck und Funktion des neuen Verfahrens Zusammenfassende Darstellung der Aufgaben, die das Verfahren/Programm lösen soll.		
2. Beschreibung der Eingabedaten Herkunft, Erfassung, Aufbau und Bedeutung der Eingabedaten (zur Beschreibung der Eingabedaten gehören z.B. eine Sammlung ausgefüllter Belegmuster, Übersichten über Schlüsselsysteme oder Kennziffern)	Datenstruktur: Aufbau der Sätze, Aufbau der Dateien (diese Angaben müssen im Pflichtenheft eines Programmes enthalten sein)	
3. Forderungen an das Verfahren/Programm Genauigkeitsanforderungen (z.B. Rechengenauigkeit, Rundung von Rechenergebnissen, Rechenformeln) Wertebereich der Daten (z.B. Wertangaben in TDM, Stellenzahl von Wertangaben) Vorschriften für treuhänderische und verfahrenstechnische Sicherheit (z.B. Aufbewahrungs- und Sperrfristen, Kontrollen und Abstimmungen) Unabänderliche Forderungen (z.B. von Gesetzes wegen: Lohnsteuer) Behandlung von Sonderfällen und z.B. durch Kontrollen und Abstimmungen erkannten Fehlern Anschlußstellen an benachbarte Verfahren	Allgemeine Forderungen, soweit noch nicht aufgeführt Richtlinien für den Lösungsweg (z.B. durch detaillierte Beschreibung der gestellten Aufgabe, des Verarbeitungsablaufes, der Reihenfolge einzelner Arbeiten innerhalb des Verfahrens/Programms, Unterteilung und Verknüpfung der einzelnen Verfahrensteile) Termin für die Fertigstellung bzw. Einsatz des Verfahrens/Programms Abgrenzung einzelner Ausbaustufen gegeneinander Hinweise auf ähnliche Verfahren ggf. mit Angabe wesentlicher Unterscheidungsmerkmale Verträglichkeit mit anderen Programmiersystemen, Verfahren oder Programmen Datenvolumen (z.B. Umfang von Dateien und Verhältnis zwischen Stamm- und Bewegungsdatenmengen) Ablaufintervalle bzw. -turnus Datenflußpläne	Verfahrensinterne Datenstruktur, Datenträger (d.h. Aufbau der innerhalb eines Verfahrens weitergegebenen Daten und Datenträger) Normen und Verfahrensvorschriften DVA - Konfiguration, Betriebssystem, Programmiersprache
4. Beschreibung der Ausgabedaten Bedeutung und Weiterverwendung der Ausgabedaten Ggf. Aufbau der an andere Verfahren weitergegeb. Daten u. Datenträger	Datenstruktur: Aufbau und Ausgabeform der Ausgabedaten (z.B. Listenbilder), (diese Angaben müssen im Pflichtenheft eines Programms enthalten sein)	nach: ADV

Abb. 1.1

2. Datenflußplan

Der Datenflußplan ist die zeichnerische Darstellung des Datenflusses einer bestimmten Organisationsform. Er enthält die Verarbeitungsvorgänge des Verfahrens und zeigt die Verknüpfungen zwischen den Verarbeitungsvorgängen. Normalerweise zeigen Datenflußpläne maschinelle Verarbeitungsverfahren, sie können aber auch manuelle Arbeiten enthalten. Der Datenfluß erfolgt durch Datenträger, die den Datentransport von einem Verarbeitungsgang zum nächsten vornehmen.

2.1. Aussagen des Datenflußplanes

Der Datenflußplan soll für den Programmierer folgende Aussagen enthalten:

- *Datenträger.* Der Typ des verwendeten Datenträgers soll erkennbar sein, z.B. Lochkarte, Magnetband usw.
- *Datenträgerinhalt.* Aus dem entsprechenden Text muß erkennbar sein, welche Daten der Datenträger enthält.
- *Sortierung der Daten.* Welche Datenreihenfolge wird vorausgesetzt?
- *Herkunft der Eingabedaten.* Es ist anzugeben, ob diese aus einem Ursprungsbeleg oder aus einem vorherigen Arbeitsgang kommen. Bei Ursprungsbelegen ist auch die Herkunftsstelle zu nennen.
- *Ziel der Ausgabedaten.* Hierbei gilt Entsprechendes wie für die Eingabedaten. Herkunft bzw. Ziel geben somit auch den Fluß der Daten an.
- *Bearbeitungsreihenfolge.* Falls eine bestimmte Reihenfolge vorgeschrieben wird, muß diese erkennbar sein.
- *Bearbeitungen.* Es sollen global die durchzuführenden Bearbeitungen erkennbar sein. Personelle und maschinelle Bearbeitungen können unterschieden werden.

2.2. Sinnbilder des Datenflußplanes

Um eine einheitliche Form der Datenflußpläne zu haben, sind die Symbole für die Datenflußpläne normiert worden (DIN 66001). Mit Hilfe dieser genormten Symbole (Abb. 2.1) läßt sich jeder Datenfluß darstellen. Es gibt eine entsprechende Zeichenschablone, mit der die Erstellung dieser Pläne erleichtert werden kann (Abb. 2.2).

Sinnbild	Benennung	Erläuterung bzw. Anwendung
	Bearbeiten allgemein	Mit diesem Sinnbild sind alle Bearbeitungsvorgänge, einschließlich Lochen, Prüfen, Mischen usw., darzustellen.
	Eingabe von Hand	Eingabe von Steuer-, Kontroll- oder Korrekturdaten von Hand
	Anzeige	Anzeige in optischer oder akustischer Form, z.B. Kurvenschreiber oder Summer
	Datenträger allgemein	Dieses Sinnbild ist zu verwenden, wenn der Datenträger nicht näher bestimmt werden soll oder bei der Konzipierung eines Verfahrens die Datenträgerart noch nicht feststeht.
	Datenträger, Random-Access-Speicher	Die Speicherart (z.B. Magnetplatte) ist im Sinnbild anzugeben. Kommen mehrere Speicher in Frage, so ist der Alternativ-Speicher als Bemerkung anzugeben.
	Schriftstück	Hierzu gehören gedruckte Listen, maschinenlesbare Belege, Formulare usw.
	Lochkarte	Soweit möglich, ist die Art der Lochkarte anzugeben, z.B. Materialkarte, Bewegungen, Summenkarte usw.
	Lochstreifen	
	Magnetband	Bandart und File-Nr. sind anzugeben, z.B. Zugangsband F014, Stammband alt F020 usw.
	Übergangsstelle	Der Übergang kann von mehreren Stellen aus, aber nur zu einer Stelle hin erfolgen. Zusammengehörige Übergangsstellen müssen die gleiche Bezeichnung tragen.
	Bemerkung	Dieses Sinnbild kann an jedes der oben genannten Sinnbilder angefügt werden.
	Flußlinie	Vorzugsrichtungen sind : a von oben nach unten b von links nach rechts. Das Ende einer Flußlinie muß immer mit einer Pfeilspitze in Flußrichtung versehen werden.
	Transport der Datenträger	Soll der Transport von Datenträgern besonders hervorgehoben werden, so ist das Ende der Flußlinie mit Doppelpfeilen in Flußrichtung zu versehen und die Empfangs- bzw. Absenderstelle anzugeben.
	Datenübertragung	Datenfernübertragung, z.B. über Telexverbindungen

Abb. 2.1

Sinnbild	Benennung	Erläuterung bzw. Anwendung
▽	Mischen	
△	Trennen	
◇	Sortieren	
⋈	Mischen mit gleichzeitigem Trennen	
□	Ausführen einer Hilfsfunktion	Verwendung maschineller, nicht von der DVA gesteuerter Hilfsmittel, z.B. manuelle Erstellung von Lochkarten oder Lochstreifen.
⏢	Eingreifen von Hand	Keine Verwendung maschineller Hilfsmittel, z.B. Eintragung in eine Liste oder Bandwechsel.
▽	Datenträger	Datenträger, die nicht von der DVA gesteuert werden, z.B. Ziehkartei.

Abb. 2.1 (Fortsetzung)

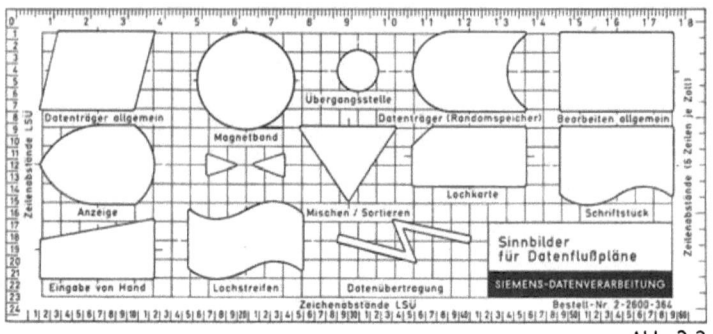

Abb. 2.2

Die Größe der Sinnbilder kann den Erfordernissen angepaßt werden. Seiten- und Winkelverhältnisse sind jedoch beizubehalten. So könnte es z. b. notwendig sein, die wesentlichen Arbeitsgänge eines Verfahrens mit einem vergrößerten Sinnbild, dagegen untergeordnete Arbeitsgänge, wie Sortieren oder Mischen, mit dem in der Schablone enthaltenen Sinnbild für Bearbeiten darzustellen.

2.3. Form der Datenflußpläne

Bei der Erstellung der Datenflußpläne ist auf einige Grundsätze zu achten, die einen Datenflußplan übersichtlicher gestalten (Abb. 2.3).

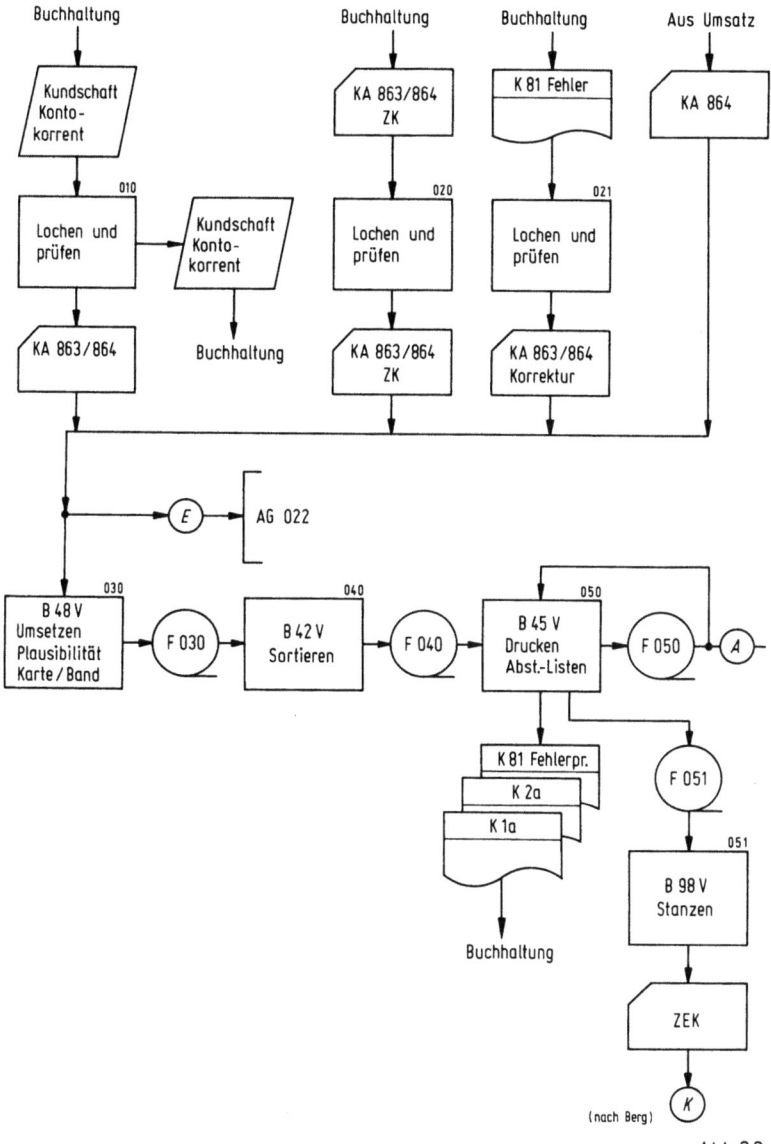

Abb. 2.3

- *Zeichenrichtung.* Sie geht entweder von oben nach unten oder von links nach rechts.
- *Größe der Pläne.* Sie hängt vom Feinheitsgrad ab. Übersichtsdatenflußpläne sollen auf einem Blatt dargestellt sein. Detaillierte Datenflußpläne müssen normalerweise auf mehreren Blättern dargestellt werden, wobei die Verknüpfung an den Übergangsstellen zu kennzeichnen ist.
- *Erläuterung der Symbole.* Da die Symbole nur eine begrenzte Aussagekraft besitzen, müssen sie immer mit einem erläuternden Text versehen werden (Ausnahme: Flußlinien). Dieser Text soll z. B. den Inhalt der Datenträger oder die Art der Bearbeitung kurz charakterisieren. Eine Angabe des Programmnamens oder der Programmnummer ist sinnvoll.
- *Zusätzliche Erläuterungen.* Über das Symbol „Bemerkungen" lassen sich zusätzliche Erläuterungen anbringen. Dies ist immer dann erforderlich, wenn die graphische Darstellung nicht ausreicht oder die Erläuterung der Symbole aus Platzgründen nur sehr kurz sein kann.

2.4. Bedeutung für die Programmierung

Die Aufgabenstellung für die Programmierung enthält den Datenflußplan, der auch in die Programmdokumentation aufgenommen wird. Aus ihm ist ersichtlich, wie das Programm innerhalb des Verfahrens angeordnet ist, also welche Programme oder sonstige Datenlieferanten oder Datenempfänger Daten liefern oder empfangen. Diese Kenntnis ist wichtig, um Abstimmungen mit den korrespondierenden Programmen zu ermöglichen.
Während der Programmierung einer Aufgabe kann sich die Notwendigkeit zur Änderung des Datenträgeraufbaus ergeben. Die Änderung darf nur mit Zustimmung aller betroffenen Programmierer durchgeführt werden.
Sinnvolle Kettungsmöglichkeiten für den Ablauf der Programme (Jobs) lassen sich ebenfalls aus dem Datenflußplan entnehmen. Auch für die Erstellung des externen Speicherablaufplanes für die Hantierungsvorschrift (Kap. 9) wird er als Grundlage benutzt.
Aus der Gerätebenutzung kann ersehen werden, welche Größenordnung das Programm in etwa haben wird.
Liegen das Pflichtenheft und der Datenflußplan vor, so kann mit den Arbeiten der Programmierung begonnen werden.

3. Programmierung und Programmablaufplan

Der Programmierer hat eine Reihe von Aufgaben in einer bestimmten Reihenfolge auszuführen. Bei der Beschreibung dieser Aufgaben wird vorausgesetzt, daß für die Aufgabenfestlegung der DV-Organisator zuständig ist. Ein Teil der Aufgaben wird in diesem Kapitel, der andere in den folgenden Kapiteln beschrieben.

3.1. Aufgaben der Programmierung

Folgende Arbeitsschritte sind von einem Programmierer auszuführen:
- Studium der Aufgabenstellung, Einarbeitung in die Aufgabe.
- Vorarbeiten für die Programmierung, Festlegungen.
- Festlegung der Programmhierarchie.
- Festlegung der programmtechnischen Sicherungen.
- Auswahl der benutzten Standards.
- Auswahl der benutzten Sprachen.
- Erstellung der Programmablaufpläne.
- Codierung der Befehlsfolge.
- Erstellung von Testdaten.
- Schreibtischtest.
- Umwandlung der symbolischen Programme in ablauffähige Programme.
- Test der Programme.
- Benutzung von Testhilfen.
- Testauswertung.
- Optimierung von Kernspeicher- und Laufzeitbedarf.
- Erstellung der Programmbeschreibung.
- Erstellung der Hantierungsvorschrift.
- Test des Verfahrens.
- Parallellauf.
- Programmfreigabe durch die Fachabteilung.
- Programmübergabe.
- Programmpflege.

In welcher Reihenfolge die einzelnen Arbeitsschritte auszuführen sind und welche Überlappungsmöglichkeiten bestehen, kann Abb.3.1 entnommen werden. Die Ausführung der Schritte kann auch mittels eines Netzplanes überwacht werden. Ein Verfahren dazu ist das von Siemens entwickelte System EVIDENT.

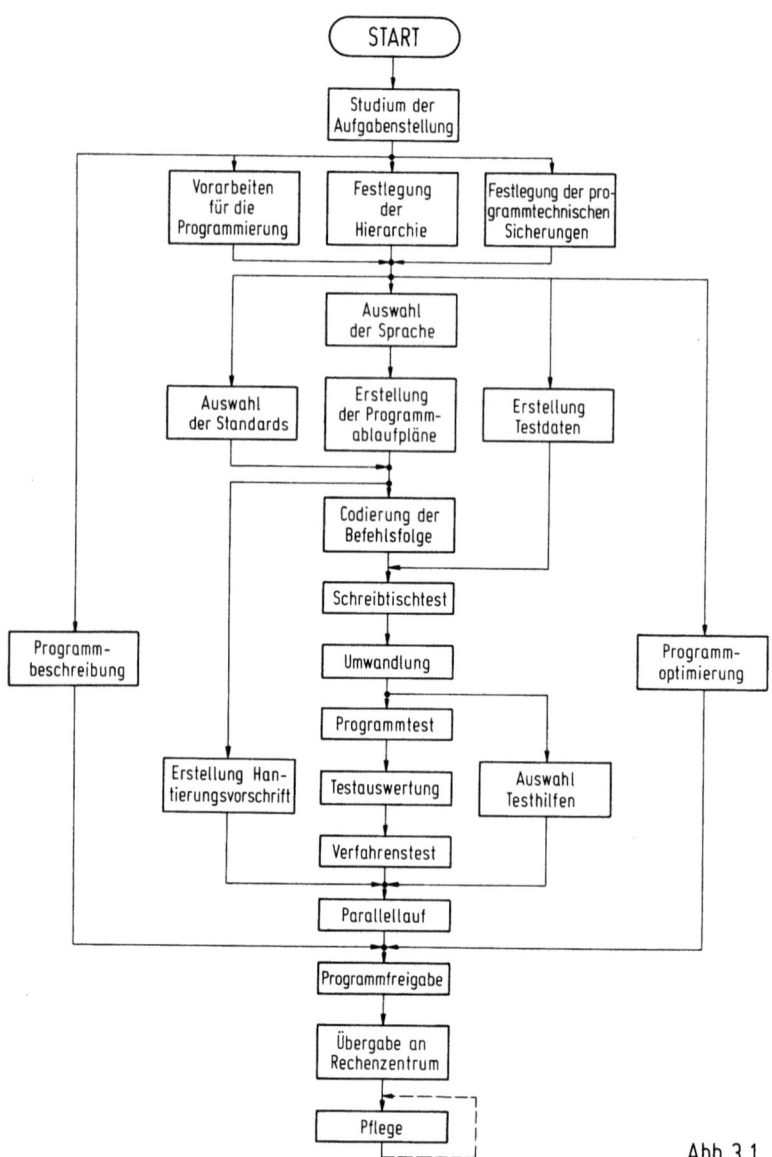

Abb. 3.1

3.2. Studium der Aufgabenstellung

Am Beginn der Programmerstellung liegt die Einarbeitungsphase. In dieser Phase muß die Aufgabenstellung durchgearbeitet und verstanden werden. Dabei sind folgende Punkte zu prüfen:
- Sind alle Beschreibungen eindeutig abgefaßt und verständlich?
- Sind Widersprüche enthalten?
- Sind alle erforderlichen Angaben enthalten?
- Werden nur realisierbare Forderungen gestellt?
- Läßt sich die Aufgabenstellung ohne Beeinflussung der Ergebnisse vereinfachen?
- Ist die Aufteilung der Aufgabe in Programme optimal?
- Ist die Wahl von Datenträgern und Datenformaten optimal?
- Sind die Möglichkeiten der sachlichen Sicherung genügend ausgeschöpft?
- Ist die Aufgabenstellung von der Fachabteilung freigegeben?

Sollte die Überprüfung nicht befriedigend ausfallen, so sind die beanstandeten Punkte mit den Verfassern der Aufgabenstellung durchzusprechen und, falls erforderlich, eine Änderung der Aufgabenstellung durchzuführen. Erst wenn eine einwandfreie Aufgabenstellung vorliegt, kann mit der Aufbereitung der Aufgabe für die Programmierung begonnen werden.

3.3. Programmablaufpläne

Der Programmablaufplan ist die graphische Darstellung der Logik eines Programmes. Zwei wesentliche Feinheitsgrade können unterschieden werden. Der Feinplan enthält jeden Befehl. Der Grobplan enthält alle Entscheidungen, die Verarbeitungen nur global. Grobpläne der Programme sollten zuerst angefertigt werden. Die Erstellung von Feinplänen ist nur für schwierige Programmteile erforderlich. Die Feinheit der Pläne kann durch die verwendete Programmiersprache bestimmt werden; z. B. sind bei problemorientierten Sprachen und beim Listenprogrammgenerator Feinpläne nicht erforderlich. Für alle standardmäßig vorhandenen Module, Programme und Unterprogramme kann auf Programmablaufpläne ebenfalls verzichtet werden.

Folgende Bedingungen sollte ein Programmablaufplan erfüllen:
- Darstellung der Reihenfolge der einzelnen Bearbeitungsschritte.
- Darstellung der Aufgabe mit genormten Symbolen und beschreibenden Texten.
- Darstellung der Programmhierarchie.

- Darstellung von Overlaystrukturen.
- Darstellung von mehrfach verwendeten Unterprogrammen.
- Hierarchie der Programmablaufpläne.
- Maschinenunabhängige Darstellung im Programmablaufplan.

Sinnbild	Benennung	Erläuterung bzw. Anwendung
▭	Operation, allgemein	Operationen, wie Übertragen, Rechnen, Löschen, Modifizieren, Setzen von programmierten Schaltern usw. Die (symbolischen) Adressen der Sende- und Empfangsfelder sind anzugeben.
▭	Unterprogramm	Hiermit wird ein in sich geschlossener Programmteil dargestellt. Unterprogramme können von mehreren Stellen in nur einem Eingang angesprungen werden.
◇	Verzweigung	Der Programmablauf soll aufgrund einer oder mehrerer Bedingungen variiert werden. Es ergeben sich grundsätzlich mindestens zwei Ausgänge, die zu kennzeichnen sind (z.B. J oder N). Ein Sonderfall der Verzweigung ist der Schalter.
⏢	Operation von Hand	Operationen von Hand sollten bei der Programmerstellung nur in Ausnahmefällen vorgesehen werden. Beispiele: Eingabe von Steuer-, Kontroll- oder Korrekturdaten mit Hilfe des Blattschreibers.
▱	Eingabe, Ausgabe	Zur Darstellung der Ein- und Ausgabe aller externen Geräte. Ob es sich um Ein- oder Ausgabe handelt bzw. die Art der Ein- oder Ausgabe, muß eindeutig aus der Beschriftung hervorgehen. z.B.: Summenkarte stanzen.
⌒	Grenzstelle	Hiermit werden Anfang, Ende oder Zwischenhalt dargestellt. Das Sinnbild ist durch entsprechende Eintragung zu ergänzen.
○	Übergangsstelle	Der Übergang kann von mehreren Stellen aus, aber nur zu einer Stelle hin erfolgen. Zusammengehörige Übergangsstellen müssen gleiche Bezeichnungen tragen.
↓	Zusammenführung	Der Ausgang ist immer mit einer Pfeilspitze zu kennzeichnen. Zwei sich kreuzende Ablauflinien bedeuten keine Zusammenführung. Kreuzungen sollten jedoch vermieden werden.
----[	Bemerkungen	Dieses Sinnbild kann an jedes der obigen Sinnbilder angehängt werden.
↓	Ablauflinie	Vorzugsrichtungen sind: a von oben nach unten b von links nach rechts Zur Verdeutlichung der Ablaufrichtung kann das Ende der Ablauflinie mit einer Pfeilspitze versehen werden.
⬡	Programm-Modifikation	Stellen von programmierten Schaltern, Ändern von Indexregistern. (Anmerkung: Die genannten Anwendungsbeispiele sind Übertragungsoperationen und können deshalb auch mit dem Sinnbild "Operation" dargestellt werden).

Abb. 3.2

- Vergabe von Namen, Adressen, Blocknummern usw. in einer Form, daß sie bei der Codierung übernommen werden können.
- Alle Entscheidungen müssen genau dargestellt sein.
- Soll einen Logiktest ermöglichen.
- Kann zur Markierung der beim Test durchlaufenen Zweige benutzt werden.
- Kann als Unterlage für den 1. Schreibtischtest benutzt werden.
- Zeichenrichtung von links nach rechts oder von oben nach unten.
- Grobpläne sind immer auf dem neuesten Stand zu halten.
- Feinpläne können nach der Codierung entfallen, falls die Wartung zu aufwendig wird.
- Nachträgliche Erstellung von Programmablaufplänen zu Pflegezwecken ist nicht effektiv.
- Programmablaufpläne erleichtern die Codierung erheblich.
- Feinpläne vermindern die Fehlerhäufigkeit in komplizierten Programmteilen.

Die standardisierten Symbole für Programmablaufpläne (nach DIN 66001) sind in Abb. 3.2 dargestellt. Eine entsprechende Zeichenschablone zeigt Abb. 3.3, ein Beispiel für einen Programmablaufplan Abb. 3.4.

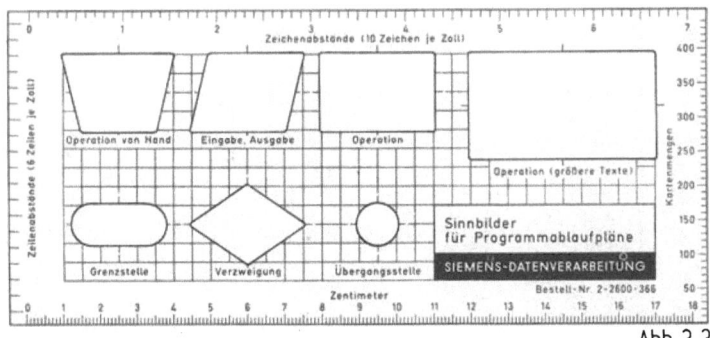

Abb. 3.3

3.4. Codierung der Befehlsfolge

Die Codierung eines Programmes ist die Umsetzung der aufbereiteten Aufgabenstellung in ein Programm, dargestellt durch eine bestimmte Programmiersprache. Zur Darstellung des codierten Ergebnisses werden spezielle Formulare verwendet, die von der benutzten Sprache abhängig sind. Abb. 3.5 zeigt das Codierformular für COBOL.

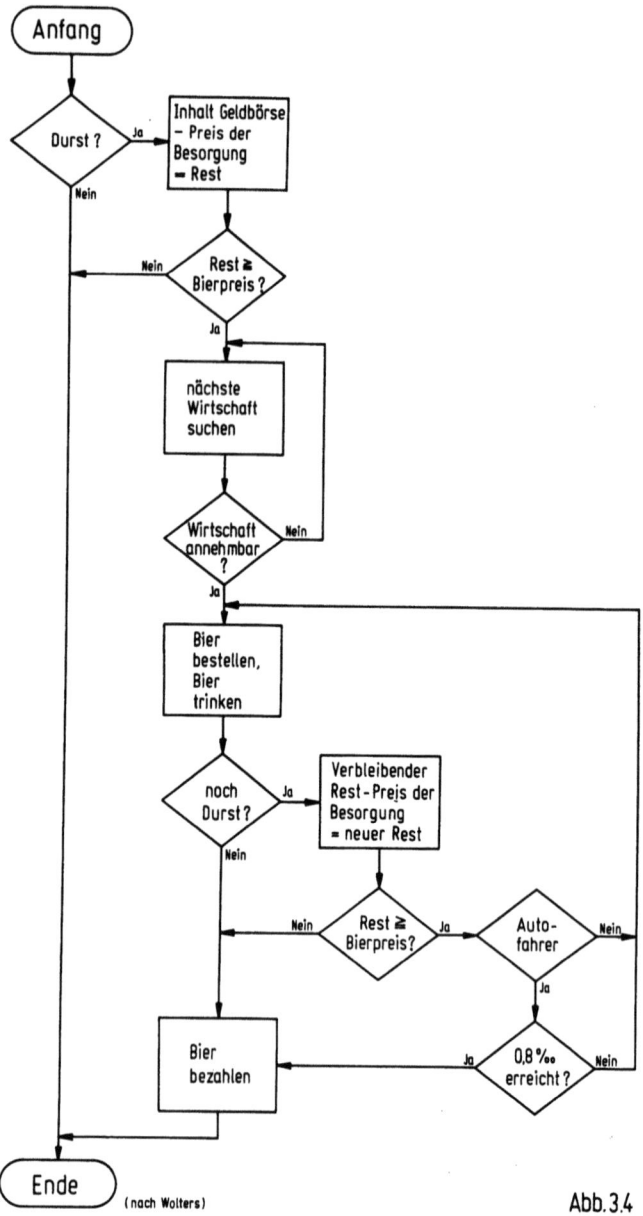

Abb. 3.4 (nach Wolters)

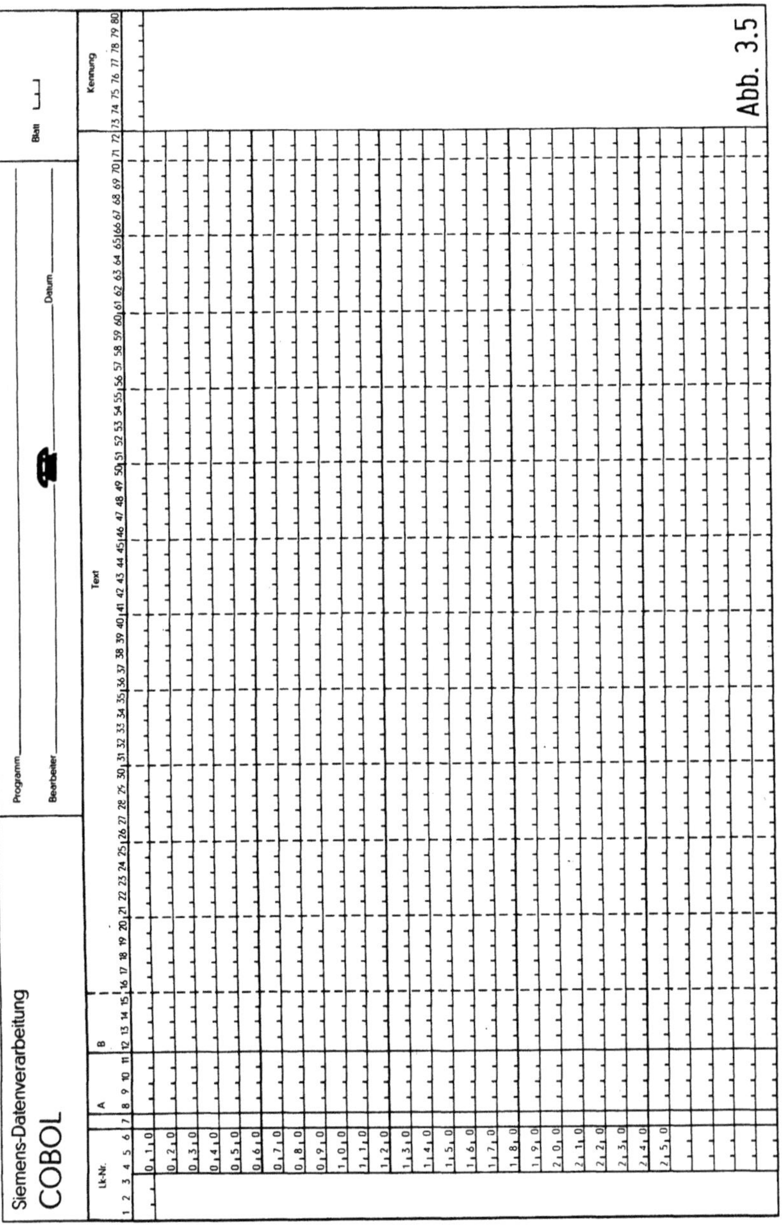

Abb. 3.5

Sind Programmablaufpläne vorhanden, so wird die Codierung wesentlich vereinfacht. Falls nicht schon beim Programmablaufplan getan, sind bei der Codierung Adressen für Hilfsbereiche und Einsprungspunkte zu vergeben. Hierbei sind evtl. bestehende Adressenkonventionen einzuhalten.

Die Distanz zwischen zwei Einsprungspunkten sollte nicht zu groß sein, da diese Adressen bei Einsatz von Testhilfen für die Fehlersuche benutzt werden können. Unter Umständen sind Pseudoeinsprungspunkte zu definieren.

Folgende Punkte müssen bei der Codierung berücksichtigt und durchgeführt werden:

- Vergabe von Adressen.
- Schreiben der Befehle in der benutzten Programmiersprache.
- Schreiben der Bemerkungen in der jeweils zulässigen Form.
- Numerierung der Zeilen (= Kartennummer) mit Einfügungsmöglichkeit.
- Beachtung der Maxime. Übersichtlichkeit (z. B. 1 Befehl je Zeile, Einrückung usw.).
- Auswahl der optimalen Befehle zur Lösung einer Aufgabe bezüglich Kernspeicher und Ablaufzeit.
- Entscheidung, ob spezielle Aufgaben als Schleife oder gestreckt programmiert werden.
- Benutzung von Hilfsmitteln für die Codierung (Befehlskarten usw.).
- Auswahl der optimalen Abfragetechnik (z. B. Anordnung des Absprungs).
- Ermittlung von mehrfachbenutzbaren Unterprogrammen zur Platzeinsparung.
- Erstellung von speziellen Codierungen für den Testbetrieb (z. B. Testrahmen).
- Laufende kritische Überprüfung der bisher erstellten Codierung.

Am Ende der Codierung werden die erzeugten symbolischen Programme auf Lochkarten abgelocht und sind dann für die Umwandlung in ablauffähige Programme vorbereitet.

Der Aufwand für die Codierung wird hauptsächlich von der verwendeten Programmiersprache bestimmt. Viele Verwaltungsarbeiten für den Rechner, die in einer maschinenorientierten Sprache erforderlich sind, entfallen bei einer problemorientierten Sprache (z. B. Registerverwaltung).

3.5. Umwandlung in ablauffähige Programme

Nachdem die Programme codiert sind, müssen sie mittels Compiler oder Assembler in Maschinensprache umgewandelt werden. Das geschieht standardmäßig; alle variablen Angaben werden durch Steuerkarten vorgegeben. Variabel sind bei Umwandlungen die Anzahl und die Art der Listen. Meistens sind folgende Listen möglich:
- Liste des Primärprogrammes (z. B. SOURCE LISTING, Abb. 3.6).
- Liste des erzeugten Maschinencodes (z. B. OBJECT PROGRAM LISTING, Abb. 3.9).
- Adreßbuch (z. B. LOCATOR/MAP LISTING, Abb. 3.7).
- Querverweisliste (Adressenbenutzung), in Abb. 3.7 enthalten.

Die Fehlerliste (z. B. DIAGNOSTIC LISTING, Abb. 3.8) ist immer erforderlich. Bei Übersetzern, die Module erzeugen, kommt noch die Binderliste (z. B. LINKAGE EDITOR-PROGRAM MAP, Abb. 3.10) hinzu.

Für jede Umwandlung sind die Liste des Primärprogrammes, das Adreßbuch und die Fehlerliste erforderlich. Die übrigen Listen können bei manchen Umwandlungen entfallen.

Je nach Übersetzer und Sprache ist der Zeitbedarf für die Erstellung der Listen unterschiedlich. Wird dafür keine zusätzliche Zeit benötigt, so sind die Listen immer anzufertigen.

Alle hier angegebenen Beispiele sind den COBOL-Umwandlungen entnommen. Abb. 3.11 gibt eine Empfehlung für die Listenerstellung durch den Siemens 4004 COBOL-Compiler.

3.6. Programmfreigabe und Programmübergabe

Die auftraggebende Fachabteilung muß, nachdem der Parallellauf stattgefunden hat, bestätigen, daß die vorhandenen Programme richtig sind und vollständige Ergebnisse liefern, d. h. die in der Aufgabenstellung geforderte Arbeit leisten. Zu diesem Zeitpunkt können durchaus noch unerkannte Fehler im Verfahren enthalten sein.

Nachdem diese Freigabe stattgefunden hat, kann ein Verfahren zur Abwicklung an das Rechenzentrum übergeben werden. Dieses führt alle für das Verfahren erforderlichen Arbeiten in Zusammenarbeit mit der Betriebs- und Pflegegruppe automatisch aus.

```
V018        COBOL COMPILATION              A1PF9V       SOURCE LISTING

562   230100          IF FT = XK=0                                              PF9V
563   230110          MOVE XK=0 TO EAFMIN  ELSE                                 PF9V
564   230120          COMPUTE EAFMIN = (EB1 + EB2) * FT * 0.005.                PF9V
565   230130 Z.       EXIT.                                                     PF9V
566   240010 U240-B915 SECTION.                                                 PF9V
567   240020 A.       NOTE : AUSGABE F200 VORBEREITEN.                          PF9V
568   240030 B.       IF P17 = XK=0                                             PF9V
569   240040          SUBTRACT ANTMIN2 EAFMIN FROM EB2 GIVING P82.              PF9V
570   240050          ADD ANTMIN1 ANTMIN2 TO P70.                               PF9V
571   240060          MOVE EAFMIN TO P71.                                       PF9V
572   240070          MOVE FT TO P72.                                           PF9V
573   240080          ADD AM01 AM02 TO P73.                                     PF9V
574   240090          ADD ATA1 ATA2 TO P74.                                     PF9V
575   240100          ADD EB1 EB2 TO P66.                                       PF9V
576   240110          COMPUTE P81 = P66 + P67 + P65 - P68 - P69 - P70 - P71.    PF9V
577   240115          IF P81 = XK=0 GO TO Z.                                    PF9V
578   240120          IF P81 NEGATIVE                                           PF9V
579   240130          MOVE XK=0 TO P81.                                         PF9V
580   240140 Z.       EXIT.                                                     PF9V
581   250010 T250-B916 SECTION.                                                 PF9V
582   250020 A.       NOTE : ANTEILIGE TARIF-EB FUER 1 HALBJAHR.                PF9V
583   250030 B.       PERFORM T600-B951.                                        PF9V
584   250040          PERFORM T610-B952.                                        PF9V
585   250050          PERFORM U620-B953.                                        PF9V
586   250060          COMPUTE EB = PGB * EBDAT1 * DAP.                          PF9V
587   250070          PERFORM U630-B954.                                        PF9V
588   250080          PERFORM U640-B955.                                        PF9V
589   250090          MOVE P27R IN SATZARB TO HZ1.                              PF9V
590   250100          MOVE EBDAT9 IN VORLAUFKARTE TO P27 IN SATZARB.            PF9V
591   250110          PERFORM T650-B957.                                        PF9V
592   250120          MOVE HZ1 TO P27 IN SATZARB.                               PF9V
593   250130          PERFORM U660-B956.                                        PF9V
594   250140          PERFORM T610-B952.                                        PF9V
595   250150          PERFORM U690-B960.                                        PF9V
596   250160          PERFORM U700-B961.                                        PF9V
597   250170 Z.       EXIT.                                                     PF9V
598   260010 U260-B917 SECTION.                                                 PF9V
599   260020 A.       NOTE : ANTEILIGE BERECHNUNG IM 1 U 2 HALBJAHR.            PF9V
```

Abb. 3.6

COBOL COMPILATION		A1PF9V	LOCATOR/MAP LISTING		
			PROCEDURE DIVISION		
SOURCE SEQ.NO.	REL ADDR	PROCEDURE NAME	KINDS OF REFERENCES	REFERENCED BY STATEMENTS	
00941	05394	Z	ENTRY POINT	00938	
00942	0539C	U770-B968 SECTION	ENTRY POINT EXIT POINT	00556 00556	00746 00
00943	0539C	A	NOT REFERENCED		
00946	0539E	B	NOT REFERENCED		
00951	05410	C	ENTRY POINT	00946	
00956	05546	Z	ENTRY POINT	00950	
00957	0554E	U780-B969 SECTION	ENTRY POINT EXIT POINT	00752	00752
00958	0554E	A	NOT REFERENCED		
00960	05550	B	NOT REFERENCED		
00965	055A2	C	ENTRY POINT	00961 00962	00963
00970	055E4	D	ENTRY POINT	00960 00966	
00972	055F2	Z	ENTRY POINT	00967 00968	00969
00973	055FA	U790-B970 SECTION	ENTRY POINT EXIT POINT	00561 00561	00753 00
00974	055FA	A	NOT REFERENCED		
00976	055FC	B	NOT REFERENCED		

Abb. 3.7

```
V018                COBOL COMPILATION           A1PF9V              DIAGNOSTIC LISTING

MSG     SOURCE   SEVERITY
INDEX   SEQ.NO    CODE      ERROR MESSAGES

B3018   00572       0       SENDING FIELD LARGER THAN RECEIVING FIELD IN 'MOVE' STATEMENT.
B3018   00589       0       SENDING FIELD LARGER THAN RECEIVING FIELD IN 'MOVE' STATEMENT.
B3018   00802       0       SENDING FIELD LARGER THAN RECEIVING FIELD IN 'MOVE' STATEMENT.
B3018   00840       0       SENDING FIELD LARGER THAN RECEIVING FIELD IN 'MOVE' STATEMENT.
B3018   00842       0       SENDING FIELD LARGER THAN RECEIVING FIELD IN 'MOVE' STATEMENT.
B3018   00845       0       SENDING FIELD LARGER THAN RECEIVING FIELD IN 'MOVE' STATEMENT.

TOTAL 00006 STATEMENTS IN THIS DIAGNOSTIC LISTING.
       00006 IN SEVERITY CODE 0.
```

Abb. 3.8

SOURCE SEQ.NO.	REL LOCTN	TYPE INST	OBJECT CODE	EFF ADDR1	EFF ADDR2	REMARKS
			COBOL COMPILATION	A1PF9V		OBJECT PROGRAM LISTING
						PROCEDURE DIVISION CODE
00742	04756	BALR	05 D0			***** Z PARAGRAPH. *****
00742	04758	BAL	45 E0 B01A	0005A		EXIT
	0475C	DC-S	00B0			
00744	0475E	BALR	05 D0			***** T670-B958 SECTION. *****
						***** A PARAGRAPH. *****
00746	04760	BALR	05 D0			***** B PARAGRAPH. *****
00746	04762	BAL	45 E0 B00C	0004C		PERFORM
	04766	DC-S	B25C			
	04768	DC-S	0070			
00747	0476A	AP	FA 21 7085 71B1	028CD	029F9	ADD
00748	04770	AP	FA 11 7088 71B3	028D0	029FB	ADD
00749	04776	AP	FA 21 708A 71B5	028D2	029FD	ADD
00750	0477C	AP	FA 11 708D 7187	028D5	029FF	ADD
00751	04782	AP	FA 11 708F 720C	028D7	02A54	ADD
00752	04788	BAL	45 E0 B00C	0004C		PERFORM
	0478C	DC-S	B268			
	0478E	DC-S	00F0			
00753	04790	BAL	45 E0 B00C	0006C		PERFORM
	04794	DC-S	B278			
	04796	DC-S	0078			
00754	04798	CP	F9 20 702F 7108	02877	02950	IF
00754	0479E	BC	47 70 D04A	047AC		
00754	047A2	ZAP	F8 30 702B 2019	02873	02BC1	MOVE
00755	047A8	BC	47 F0 D052	047B4		ELSE / OTHERWISE
00755	047AC	BAL	45 E0 B00C	0004C		PERFORM
	047B0	DC-S	B28C			

Abb. 3.9

```
                    LINKAGE EDITOR --- PARAMETERS AND DIAGNOSTICS                    12/13/70  PAGE   5

  (P)  PROG INTEST
  (P)  INCLUDE SYSUT1(INTEST,SMDTDS)



                    LINKAGE EDITOR --- PROGRAM MAP                                   12/13/70  PAGE   6

PROGRAM

NAME OF PROGRAM     INTEST           COMPUTED LENGTH         00015936       MAXIMUM LENGTH            00015936

                                     NUMBER OF REGIONS            001      NUMBER OF OVERLAY POINTS       000
                                     NUMBER OF SEGMENTS           001      NUMBER OF ENTRY POINTS       00003
                                     NUMBER OF MODULES            002      STARTING EXECUTION ADDR.    000000
                                     BLANK COMMON LENGTH     00000000      BLANK COMMON LOAD ADDR.     000000

SEGMENT

NAME OF SEGMENT  (ROOT)  NUMBER  001  SEGMENT LENGTH          00015936     STARTING ADDRESS           000000
                                      SYMBOLIC OVERLAY POINT    (ROOT)     REGION NUMBER                001
                                      NEXT SEGMENT IN PATH      (ROOT)     NUMBER OF MODULES IN SEGMENT 002

MODULES       NAME OF         LOAD           MODULE         NUMBER OF      METHOD USED TO
              MODULE         ADDRESS         LENGTH          ENTRYS        BIND MODULES
              --------       -------         --------       ---------      --------------
              INTEST         000000          00015240         00001        EXPLICIT
              SMDTDS         003B88          00000694         00002        EXPLICIT
```

Abb. 3.10

Liste \ Bedingung	Beseitigung formaler Fehler: 1. Umwandlung	Beseitigung formaler Fehler: vorherige Umwandlung enthält noch Fehler	Testbetrieb mit sonst. Fehlern	Umwandlung für Dokumentation
Primärprogramm-Liste	x	x	x	x
Fehlerliste	x	x	x	x
Adreßbuch	–	F	x	x
Querverweis-Liste	–	F	B	x
Liste des erzeugten Maschinenprogramms	–	–	B	x
Binder-Liste	–	F	x	x

Anmerkungen
– = nicht erstellen
B = nicht immer erstellen (z.B. nur bei jeder 3. Umwandlung)
F = nur erstellen, wenn hohe Wahrscheinlichkeit, daß keine formalen Fehler mehr enthalten sind (meist erst nach der 2. Umwandlung)
x = Liste erstellen

Abb. 3.11

4. Vorarbeiten für die Programmierung

Bevor die Programmierung einer Aufgabe beginnen kann, muß eine Reihe von Vorarbeiten durchgeführt sein. Ziel dieser Vorarbeiten ist, eine systematische Abwicklung der Programmierung zu ermöglichen und ein einheitlich strukturiertes Produkt zu erzeugen.
Welche Vorarbeiten anfallen können, soll hier zunächst stichpunktartig aufgezeigt werden; eine Detaillierung wird in den folgenden Kapiteln gegeben.

4.1. Organisatorische Vorarbeiten

- Wer ist Gesprächspartner für Aufgabenstellung und Rückfragen?
- Wer liefert Testdaten, wer bekommt die Ergebnisse?
- Ist die Aufgabenstellung nach programmtechnischen Gesichtspunkten überprüft; sind Dinge nicht oder nur sehr aufwendig realisierbar?
- Sind zusätzliche Darstellungen oder Erläuterungen notwendig?

4.2. Programmierfestlegungen

- Festlegung der Gerätenamen für die Dateien (Abschn. 6.5).
- Festlegung einheitlicher Abkürzungen in den Beschreibungen (Abb. 4.1).
- Festlegung des Fehlerkatalogschlüssels, Normierung der Textlängen.
- Festlegung der Programmnamen (Programmnummer je Programm).
- Festlegung des Informationsflusses bei Änderungen während der Programmierung oder nach dem Test.
- Festlegung der benutzten Software (Betriebssystem und Komponenten).
- Festlegung der verwendeten Sprache.

Zeichen und Abkürzungen

+	Addition, Plus	≤	kleiner oder gleich	Beispiel für zusätzliche Vereinbarungen:		
−	Subtraktion, Minus	≥	größer oder gleich			
*	Multiplikation	≠	ungleich	↑Z↑	ganzzahlig aufrunden
/	Division	→	Übertragung	↓Z↓	ganzzahlig abrunden
**	Potenzierung	IZI	Absolutwert		
Σ	Summe	∧	UND-Bedingung		
<	kleiner	∨	ODER-Bedingung		
=	gleich	∅	Null		
>	größer				

Abb. 4.1

4.3. Aufgabenteilung

- Wer ist für welches Programm zuständig?
- Sind gleichartige Teile in verschiedenen Programmen enthalten und damit nur einmalig zu erstellen?
- Wer ist für welche Testdaten zuständig (Erzeugung, Wartung)?
- Ist eine Aufgabenteilung notwendig oder nicht sinnvoll?
- Sind für bestimmte Aufgabenstellungen Spezialisten erforderlich (z. B. Datenübertragung)?
- Müssen Kurse besucht oder sonstige Unterlagen beschafft werden?
- Sind die voraussichtlich benötigten Maschinenzeiten bestellt?
- Sind die Programmketten festgelegt?
- Ist der Programmpfleger bestimmt?

- Müssen die Programme auf unterschiedlichen Anlagenkonfigurationen laufen?
- Sind die Programmodifizierungen festgelegt?
- Welche Programmgrößen sind zu erwarten, ist Multiprogramming möglich?
- Sind die vorgesehenen Kontrollen ausreichend, welche ablauftechnischen Sicherungen sind zusätzlich aufzunehmen (z. B. Fixpunkt)?
- Wie wird der Arbeitsfortschritt bei Ausfall eines Mitarbeiters gewährleistet?
- Sind bei Teilung der Aufgabe die Verbindungsstellen eindeutig festgelegt?
- Welche Ausweichlösungen sind vorzusehen, z. B. bei Geräteausfall?
- Können bei Listenbildern einheitliche Vorschubstreifen verwendet werden?
- Wie wird die Etikettprüfung durchgeführt (Steuerkarten — VALUE OF ID)?
- Ist eine strenge Trennung zwischen Daten und Programmen vorhanden (Tabellen)?
- Welche Standardprogramme, Module usw. sind einsetzbar?
- Bei welchen Daten wird mit 1 oder 2 Ein-Ausgabe-Bereichen gearbeitet?
- Sind generierende Programme zu erstellen (häufige Änderungsfrequenz)?
- Welchen Restriktionen unterliegen die Programme (z. B. Datenmengen), sind entsprechende Bereiche dafür reserviert?
- Läßt sich die Overlay-Technik verwenden?
- Besteht die Möglichkeit, mehrere Dateien auf einen Datenträger zu nehmen?
- Welche Teile des Programms sind als Unterprogramme auszulegen, da sie mehrfach verwendet werden?
- Sind die Programme in Module aufgegliedert?
- Wird eine Standardhierarchie der Programme benutzt?

5. Systematik des Programmaufbaues

Die Leistung der Programmierung konnte durch höhere Programmiersprachen erheblich gesteigert werden. Eine weitere Steigerung wäre möglich, wenn die Vielfalt in der Struktur der Programme vereinheitlicht werden kann. Diese Vielfalt ist durch die Aufgabenstellungen nicht gerechtfertigt. Eine Untersuchung häufiger Aufgabenstellungen, z.B. Aufgaben mit umfangreicherer Dateibearbeitung, zeigt, daß im Prinzip immer die gleichen Funktionen in einem Programm vorkommen. Es ist also möglich, ein allgemeines Funktionsmodell für Programme zu entwickeln.

Wesentliche Funktionen eines Programmes sind das Mischen von Eingabedateien und die Gruppenwechselsteuerung. Beide sind Steuerfunktionen eines Programmes und machen speziell dem Anfangsprogrammierer erhebliche Schwierigkeiten.

Auch Programme, bei denen keine Misch- und Gruppenaufgaben zu lösen sind, können durch Herauslassung der entsprechenden Funktionen mit diesem Modell gelöst werden. Die damit erzielbare gleichartige Struktur der Programme erlaubt neben der größeren Effektivität der Programmierung auch eine stark vereinfachte Programmpflege. Zusätzliche Normierungen in der Adressierung vergrößern diesen Effekt noch.

Da keine Abhängigkeit vom verwendeten Maschinentyp oder der verwendeten Programmiersprache vorliegt, ist dieses Funktionsmodell für kommerzielle Aufgaben generell verwendbar. Es wird kurz AMIGO genannt (Allgemeine Misch- und Gruppenbearbeitungs-Organisation).

5.1. Vorteile von AMIGO

Bei der Benutzung von AMIGO lassen sich folgende Vorteile erzielen:

- Gleichartige Gliederung der Programme in Abschnitte, einheitliche Programmhierarchie.
- Benutzung von genormten Adressen für gleichartige Begriffe und Programmabschnitte.
- Erstellung von Programmablaufplänen wird durch Modellpläne für die Steuerung wesentlich vereinfacht.
- Genormte Steuerinformationen für ein Programm.
- Die Dokumentation eines Programmes wird wesentlich verbessert.

- Der Test eines Programmes wird durch die vorgegebene Logik verkürzt, fehlerhafte Programmsteuerungen treten nicht mehr auf.
- Die Änderung eines Programmes ist einfacher.
- Der Maschinenzeitbedarf für Tests wird vermindert.
- Anfangsprogrammierer lassen sich schneller produktiv einsetzen.
- Die Bindung bestimmter Programmierer an ein Programm wird aufgehoben.

Diese Vorteile rechtfertigen also einen normierten Aufbau von Programmen. Ein wesentlicher Punkt der Systematisierung wird die Aufgliederung eines Programmes in einzelne Abschnitte und die Hierarchie sein.

5.2. Hierarchie des Programmaufbaues

Die in Abb. 5.1 dargestellte Hierarchie hat sich im praktischen Betrieb als zweckmäßig erwiesen. Die Teilprogrammebene (2) wird nur von der Programmsteuerung (1) aktiviert und ist selbst eine Steuerung für Teilprobleme der Aufgabenstellung. In der dazugehörigen Unterprogrammebene (3) werden die nur dem Teilprogramm zugehörigen Unterprogramme untergebracht. Alle allgemein verwendbaren Unterprogramme, die sowohl von den Teilprogrammen wie von den Unterprogrammen aktiviert werden können, bilden die niedrigste Hierarchie (4). Diese konsequente Gliederung ermöglicht einen schnellen Einblick in ein Programm.

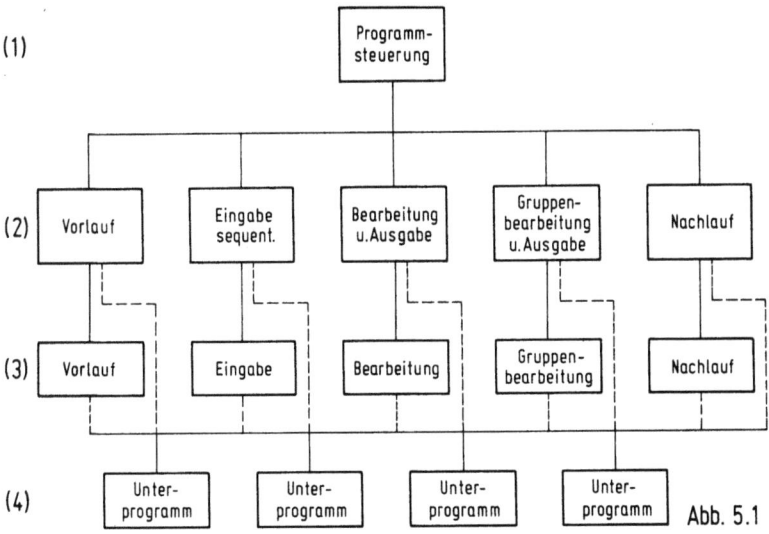

Abb. 5.1

Die beiden ersten Abschnitte der Hierarchie haben folgende Aufgaben:

Programmsteuerung. Es werden die in der nächst niedrigeren Ebene liegenden Teilprogramme aufgerufen und zusätzlich die Auswahl des nächsten zu bearbeitenden Satzes getroffen. Verursacht der ausgewählte Satz einen Gruppenwechsel, so werden die erforderlichen Gruppenwechselprogramme angestoßen.

Teilprogramme. Die Teilprogramme sind untergeordnete Steuerprogramme für spezielle Programmabschnitte:

- Vorlauf. Hier werden alle Funktionen zusammengefaßt, die einmalig zu Anfang des Programmes ausgeführt werden müssen. Dieser Teil könnte später überladen werden.
- Eingabe. Alle Eingaberoutinen für sequentielle Dateien werden in diesem Abschnitt ausgeführt.
- Verarbeitung. Alle Verarbeitungsteile (Ausnahme: Gruppenverarbeitung) erfolgen in diesem Abschnitt. Der Anstoß für Einzelausgaben und Direktzugriffseingaben oder -ausgaben kann hier ebenfalls erfolgen.
- Gruppenwechselverarbeitung. Alle Maßnahmen, die für Gruppenwechsel erforderlich sind (z. B. Bildung von Gruppensummen, Anstoß der Ausgabe für Gruppeninformationen, Anstoß der Eingabe von Gruppeninformationen, Ausgabe von Gruppenköpfen) werden in diesem Abschnitt ausgeführt.
- Nachlauf. Zusammenfassung aller Aufgaben, die am Ende eines Programmes ausgeführt werden müssen.

Diese Einteilung ist der Aufgabenstellung angepaßt und bedeutet keinerlei Einschränkungen. Sie hat den Vorteil, daß sich jeder schnell in einem Programm orientieren kann.

5.3. Festlegung von Steuerinformationen

Die Aufgliederung eines Programmes in festumrissene Abschnitte mit speziellen Aufgaben erfordert es, daß auch Informationen über den augenblicklichen Verarbeitungszustand normiert von einem Abschnitt zu anderen weitergegeben werden. Dies führt zu folgenden Vereinbarungen:

Dateizustand. Für jede Datei (Eingabe, Ausgabe) wird ein einstelliges Feld angelegt, in welchem der augenblickliche Zustand dargestellt wird (Abb. 5.2).

Gruppenfelder. Bei einer sequentiellen Eingabe wird eine Datei nach bestimmten Sortier-Gruppier-Merkmalen bearbeitet. Da diese Merkmale an verschiedenen Stellen der Sätze in beliebiger Reihenfolge stehen können, werden zusammenhängende Felder mit diesen Merkmalen aufgebaut. Abb. 5.3 zeigt die Anordnung der Gruppenfelder für sequentielle Eingabedateien. Die Länge, Anzahl und die Anordnung der Felder muß in einem Programm für alle Eingabedateien gleich sein.

VnZ: $\boxed{a}$

n = Dateinummer

a hat folgende Bedeutung:

a	Lesen sequentiell	Lesen direkt	Schreiben
0	Satz lesen	Satz lesen	Satz schreiben
1	nicht lesen	x	x
2	Datei geschlossen	x	x
3	Datei nicht vorhanden	Datei nicht vorhanden	Datei nicht vorhanden

0 bis 2 = Datei präsent
3 = Datei nicht vorhanden

Abb. 5.2

Gruppen-anordnung	höchste Gruppe	...	usw.	nächst höhere Gruppe	niedrigste Gruppe
Namen	Vng	...		Vn3	Vn2	Vn1

g = Gruppenrang
n = Dateinummer

Abb. 5.3

VnR $\boxed{b}$

b : 1 = höchster Rang
2 = nächst niedriger
⋮
9 = niedrigster Rang

Diese Reihenfolge gilt bei aufsteigender Sortierung der Daten, bei absteigender verwendet man eine umgekehrte Anordnung.

Abb. 5.4

Rangordnung der Eingabedateien. Sind mehrere Eingabedateien vorhanden, so muß feststehen, in welcher Reihenfolge die Eingaben bearbeitet werden müssen. Zum Beispiel müssen Stammdaten einen höheren Rang haben als Bewegungsdaten. Folgende allgemeine Rangordnung ist üblich: Vortragsdaten, Bewegungsdaten, update-Daten. Für jede sequentielle Eingabedatei wird das in Abb. 5.4 gezeigte Feld angelegt.

Anordnung der Steuerinformationen. Für Ausgabedateien und Eingabe im Direktzugriff gibt es jeweils nur das Feld VnZ, für die sequentielle Eingabe die Felder VnZ, Vng, ..., Vn1, VnR, die gemäß Abb. 5.5 zusammengefaßt werden.

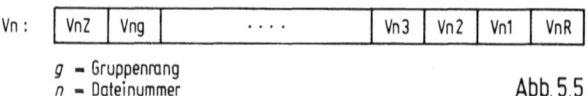

g = Gruppenrang
n = Dateinummer

Abb. 5.5

Zusätzlich werden zwei gleich aussehende Felder angelegt, die von den Dateien unabhängig sind und die Begriffe der Dateien enthalten, die zuletzt bearbeitet wurden (Abb. 5.6) und als nächste bearbeitet werden (Abb. 5.7).

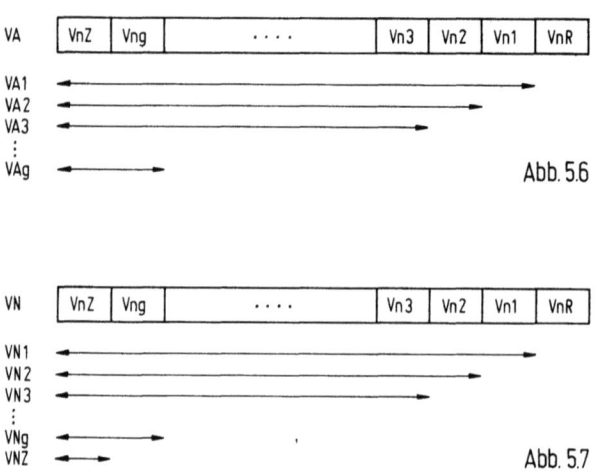

Abb. 5.6

Abb. 5.7

Die Zusammenfassung mehrerer Vn1- bis Vng-Begriffe zu neuen Feldern mit eigenen Namen ist für die Feststellung von Gruppenwechseln erforderlich. VA1 und VN1 werden z.B. abgefragt, wenn festgestellt werden soll, ob die niedrigste Gruppe gewechselt hat.

Weichen. Da der erste Durchlauf durch ein Programm anders aussieht als die folgenden, wird dafür eine Weiche benutzt (Abb. 5.8). Die Zahl der Weichen soll möglichst klein sein.

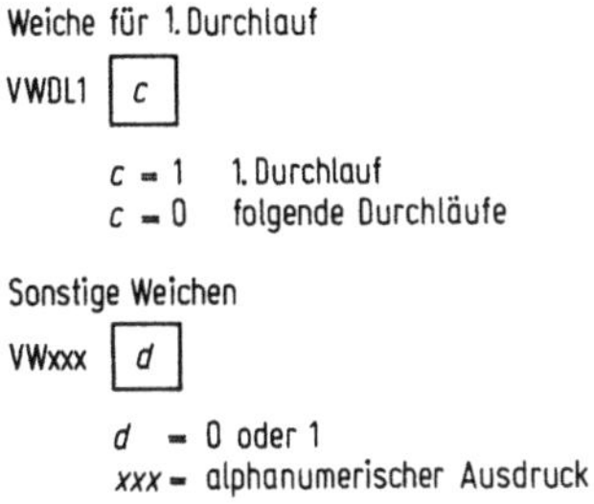

Weiche für 1. Durchlauf

VWDL1 | c |

$c = 1$ 1. Durchlauf
$c = 0$ folgende Durchläufe

Sonstige Weichen

VWxxx | d |

$d = 0$ oder 1
xxx = alphanumerischer Ausdruck

Abb. 5.8

5.4. Programmablaufplan für AMIGO

Die bisher getroffenen Festlegungen ermöglichen es, für die ersten beiden Ebenen der unter Abschn. 5.2 aufgeführten Hierarchie Programmablaufpläne festzulegen, die allgemein gültig sind. Die Programmsteuerung und die Teilprogrammebene lassen sich also normieren. Selbstverständlich sind dabei auch variable Teile enthalten. Es sind dies die Anzahl der Eingabedateien (Mischdateien) und die Anzahl der Gruppen.
Die Pläne können nur die wesentlichen normal auftretenden Funktionen zeigen. Eine Ergänzung durch aufgabenspezifische Funktionen oder eine Streichung nicht benötigter Funktionen ist zugelassen.
Zusätzliche Erläuterungen sind in den Hinweisen zu den Programmablaufplänen in Form von Checklisten enthalten. Die Abb. 5.9 bis 5.14 zeigen die normierten Programmablaufpläne, dabei ist:

Programmsteuerung Abb. 5.9,
Vorlauf Abb. 5.10,
Eingabe Abb. 5.11,
Bearbeitung Abb. 5.12,
Gruppenbearbeitung Abb. 5.13,
Nachlauf Abb. 5.14.

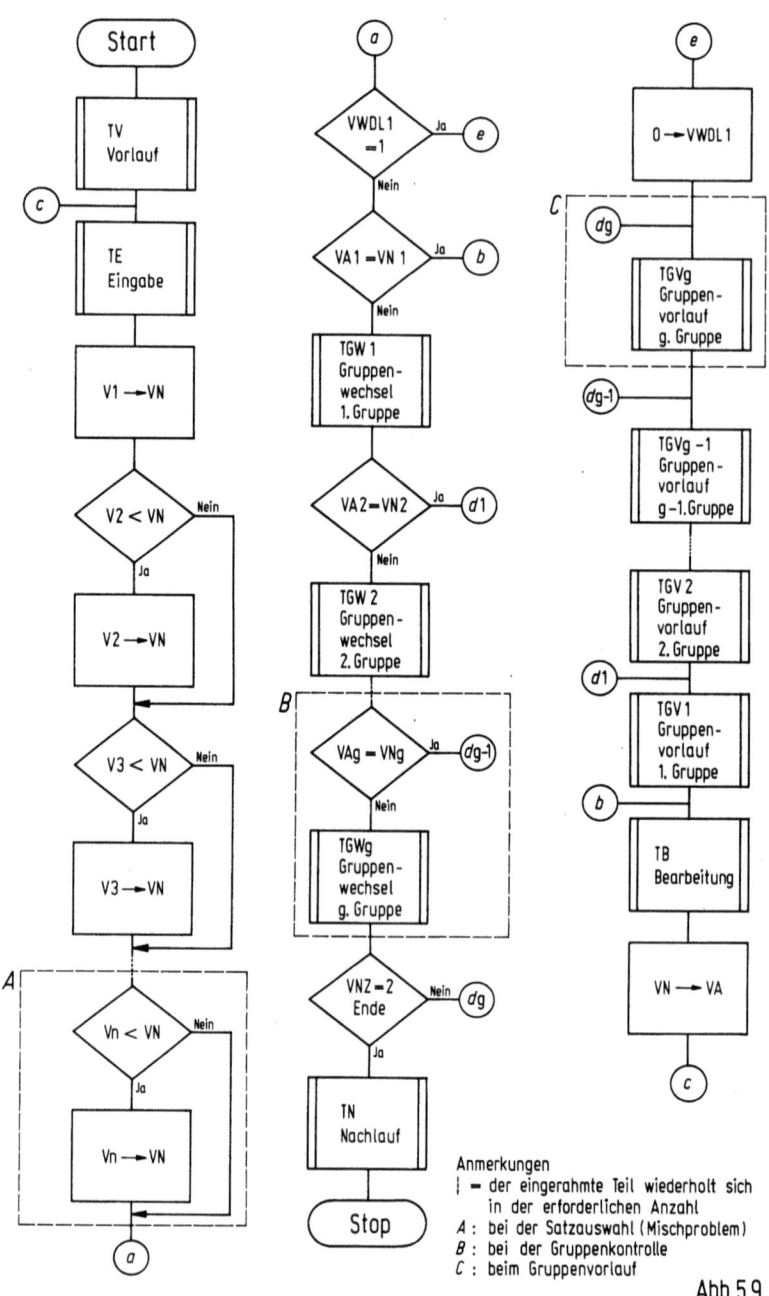

Abb. 5.9

Hinweise zu Abb. 5.9

Aufruf aller Teilprogramme
  Vorlauf
  Sequentielle Eingabe
  Gruppenwechselbearbeitung
  Gruppenwechselvorlauf
  Bearbeitung
  Nachlauf
Mischen der Dateien (sequentielle Eingabe)
  Auswahl des nächsten zur Bearbeitung anstehenden Satzes
    Bei aufsteigender Sortierung Satz mit kleinstem Sortierbegriff
    Bei absteigender Sortierung Datei mit größtem Sortierbegriff
    Das Diagramm muß entsprechend geändert werden: Statt $Vn < VN$ ist $Vn > VN$ zu setzen
    Bei gemischt auf-/absteigender Sortierung sind mehrere Abfragen notwendig
Gruppenkontrolle
  Feststellen von Gruppenwechseln
  Steuern der Gruppenvorlauf- und Gruppenwechselprogramme
Eingabeende der Dateien feststellen (Programmende)
Ersten Durchlauf steuern

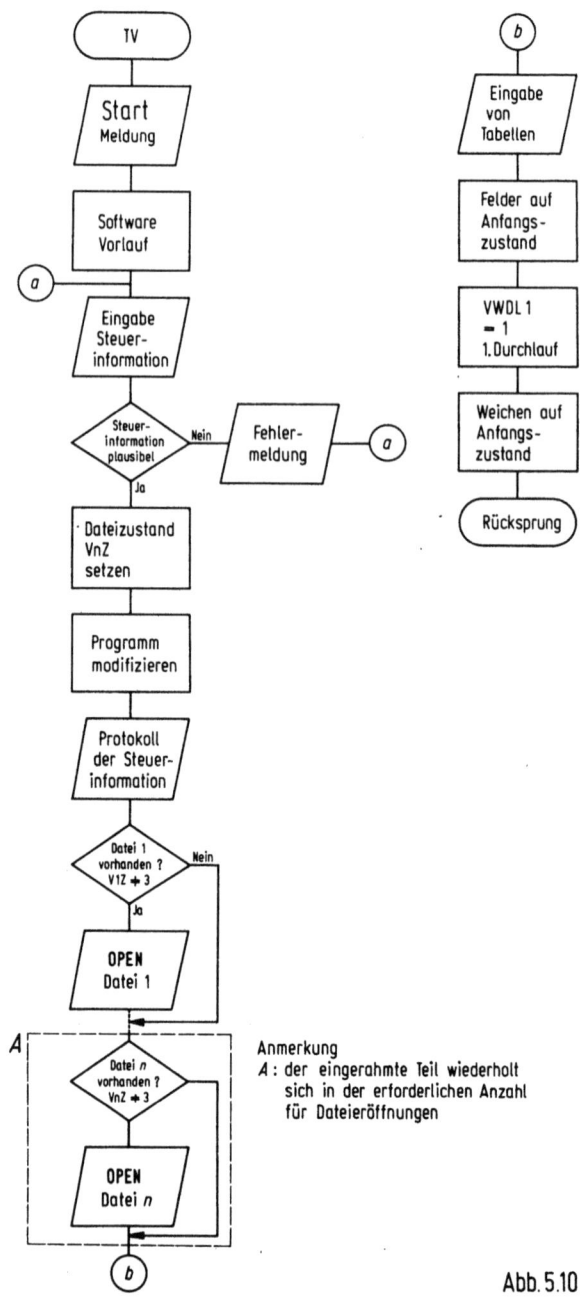

Anmerkung
A: der eingerahmte Teil wiederholt sich in der erforderlichen Anzahl für Dateieröffnungen

Abb. 5.10

Hinweise zu Abb. 5.10

Startmeldungen
BS-Protokoll
Versionsnummer
Ablaufturnus usw.
Software-Vorlauf
Aufruf von Modulen, die einmalig aktiviert werden müssen
Aufbau von DFÜ-Verbindungen
Setzen bzw. Abfrage von Auftragsvariablen
Einleitung von Nebenprozessen
Eingabe und Ausführung von Steuerinformationen
Dateibenutzung (wahlweise Dateien)
Gerätebenutzung (Band statt Drucker)
Programmvarianten in der Verarbeitung
Datum (abweichend vom Tagesdatum)
Konstante (z. B. Zähleranfangswerte usw.)
Fixpunktdauer
Kontrolle der Steuerinformationen
Protokollierung von Steuerinformationen
Wiederanlauf
Dateieröffnungen
VALUE OF ID-Werte setzen
Eröffnen immer vorhandener Dateien
Eröffnen wahlweise vorhandener Dateien
Bandpositionierungen
Line-up-Routine (Papiereinstellung am Drucker)
USER-Etikette prüfen
Eingabe von Tabellen
Tabellenwerte aus Dateien in den Kernspeicher bringen
Felder auf Anfangswerte setzen
Summenfelder löschen (Einzelbearbeitung)
Löschen von Bereichen
Weichen auf Anfangszustand
VWDL 1 einschalten; nur, falls der erste Durchlauf anders aussieht wie die folgenden (z. B. Unterdrückung, 1. Gruppenwechsel)

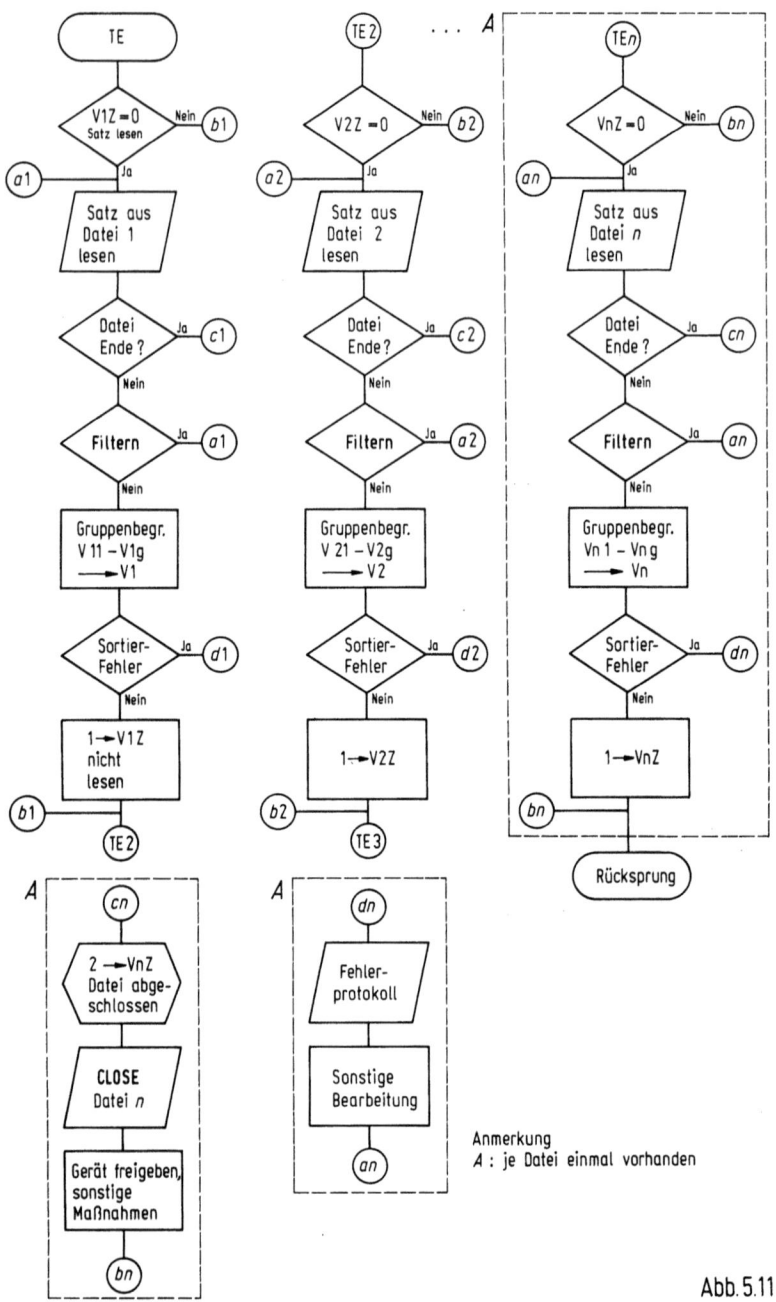

Abb. 5.11

Hinweise zu Abb. 5.11

Feststellen, welche Datei gelesen werden muß
Eingabe der Sätze, VnZ = 1 setzen (nicht lesen)
Dateiende feststellen und Dateizustand VnZ auf 2 setzen
Vn mit den Gruppenbegriffen Vn1—Vng des gelesenen Satzes versorgen
Bei Dateien mit verschiedenen Satzaufbauten feststellen, wo die Gruppenbegriffe stehen
Bei Sätzen ohne Gruppenbegriffe Vn unverändert lassen
Sortierfolgekontrolle mit entsprechenden Fehlermeldungen
Entscheidung wie weitergearbeitet werden soll, wenn ein Sortierfehler auftritt (z. B. Abbruch)
Fehlerbehandlung bei der Eingabe
Vollständigkeitskontrollen
Filtern von Sätzen, die nicht bearbeitet werden sollen
Schließen der Eingabedateien
Eröffnung von Folgedateien
Vorzeitiges Ende von Eingabedateien (es wird nicht bis EOF gelesen)
Plausibilitätskontrollen für update-Dateien
Fixpunktausgabe bei Abhängigkeit von der Eingabe
Freigabe von Geräten

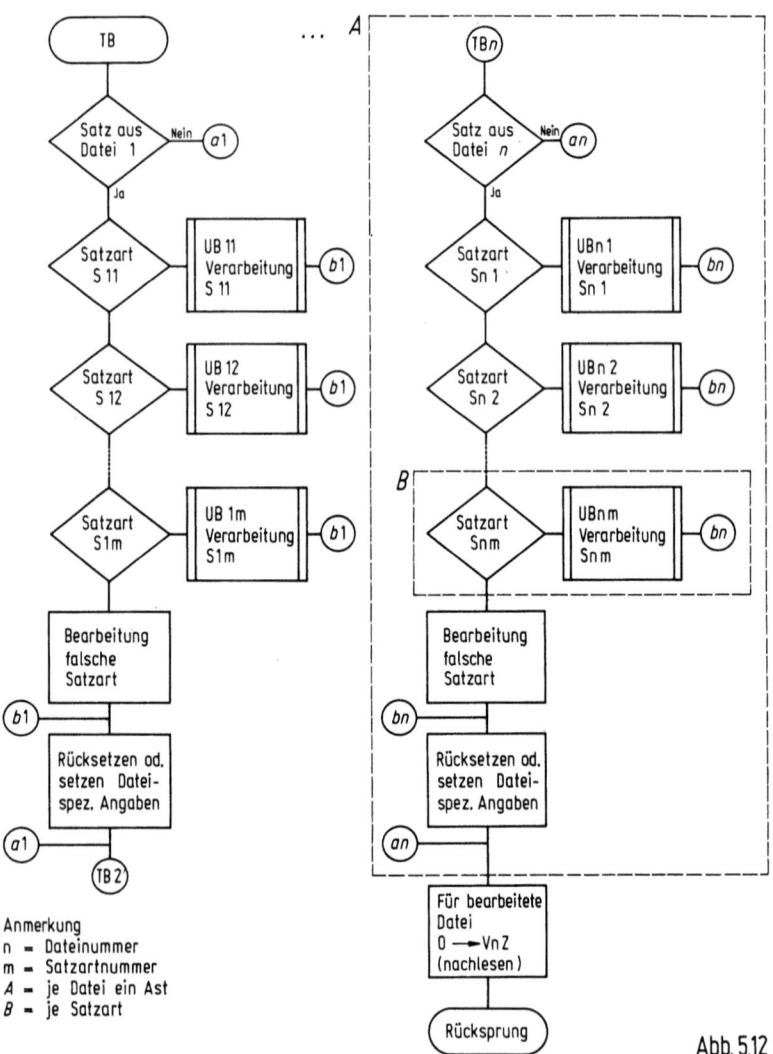

Abb. 5.12

Hinweise zu Abb. 5.12

Feststellung, welche Datei bearbeitet wird
Feststellung der Satzart
Aufruf der satzspezifischen Verarbeitungsroutine
Bearbeitung von nicht definierten Satzarten
Rücksetzen dateispezifischer Angaben wie Weichen, Felder, Bereiche
Setzen dateispezifischer Angaben wie Weichen, Felder
Eingabe von RA-Dateien
Ausgabe von RA-Dateien
Ausgabe von Bearbeitungsergebnissen
   Seitenköpfe
   Einzelsätze
   Seitenfüße
Lesesteuerung für die Eingabe des nächsten Satzes

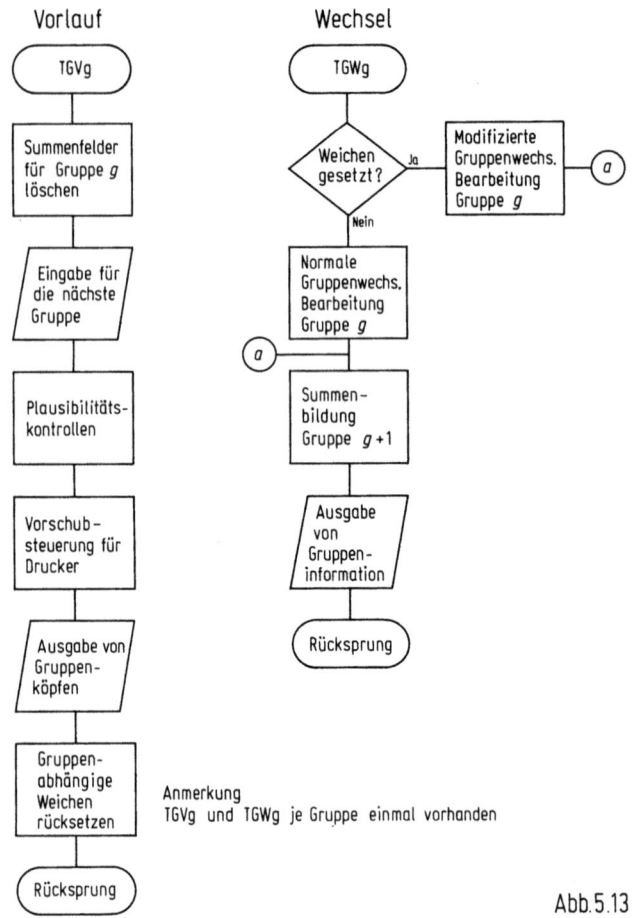

Abb. 5.13

Hinweise zu Abb. 5.13

Summierungsfelder für die Gruppe auf Anfangswert
Rücksetzung von Weichen, die für eine Gruppe gelten und bei der Verarbeitung gesetzt werden
Eingabe gruppenabhängiger Informationen
  Tabellen für Plausibilitätsprüfung
  Eingabe von Random-Dateien bzw. update-Daten für eine Gruppe
Plausibilitätskontrollen
  Prüfung auf Zulässigkeit von Gruppen (z. B. Konten)
Vorschubsteuerung
  Blattwechsel für neue Gruppen
  Zwischenräume
  Seitennumerierung, Seitenköpfe
  Seitenfüße
Ausgabe von Gruppeninformationen
  Gruppenköpfe
  Gruppenfüße
  Vorlaufsätze
Fixpunktausgabe bei Gruppenwechsel
Ausgabe von Random-Dateien
Gruppenbearbeitung, Rechenoperationen für mehrere bearbeitete Einzelinformationen
Bildung von Gruppensummen

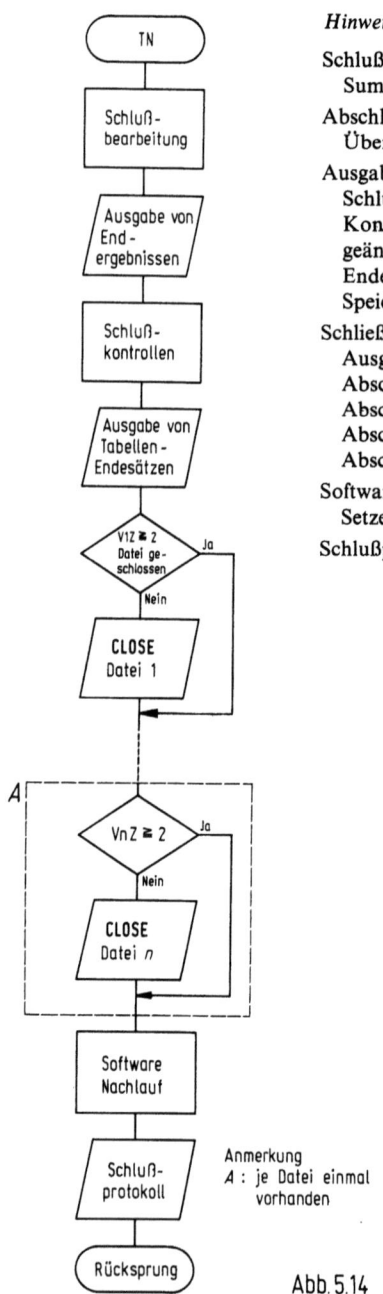

Hinweise zu Abb. 5.14

Schlußbearbeitung
  Summenbildung
  Abschlußkontrollen
    Überprüfung des Datenflusses
  Ausgabe von
    Schluß-Summen
    Kontrollergebnissen, Kontrollinformationen
    geänderten Tabellen
    Endekarten, Endesätze
    Speicherbelegung, statistischen Informationen
  Schließen der Dateien
    Ausgabe von USER-Etiketten
    Abschluß von Ausgabedateien
    Abschluß von Eingabedateien mit Direktzugriff
    Abschluß von update-Dateien
    Abschluß wahlweiser Ausgabedateien
  Software-Nachlauf
    Setzen von Auftragsvariablen
  Schlußprotokoll für Operator

Anmerkung
A : je Datei einmal vorhanden

Abb. 5.14

5.5. Adressierung

Ausgehend von den bisher getroffenen Normierungen kann auch ein Teil der verwendeten Adressen einheitlich festgelegt werden:

Die dateiabhängigen Vergleichsfelder
Vn   n = Dateinummer (n = 1, 2, 3, ..., n)
VnZ
Vn1 ... Vng
VnR

Die dateiunabhängigen Vergleichsfelder
VN   VN1 ... VNg, VNZ
VA   VA1 ... VAg

Die Adressen des Programmes
Sxx   = Adressen des Steuerprogrammes
TVxx   = Adressen des Vorlaufs   ⎫
TExx   = Adressen der Eingabe   ⎪
TGygx = Adressen der Gruppenverarbeitung ⎬ Teilprogramme
TBxx   = Adressen der Bearbeitung   ⎪
TNxx   = Adressen des Nachlaufs   ⎭
UVxxx = Adressen des Vorlaufs   ⎫
UExxx = Adressen der Eingabe   ⎪
UGygxx = Adressen der Gruppenverarbeitung ⎬ Unterprogramme
UBnmxx = Adressen der Bearbeitung   ⎪
UNxxx = Adressen des Nachlaufs   ⎭
UPxxx = Adressen allgemein verwendbarer Unterprogramme

Die Indizes bedeuten dabei:
y = W Gruppenwechsel, y = V Gruppenvorlauf, g = Gruppenstufe, n = Dateinummer, m = Satzart, xx, xxx = alphanumerischer Ausdruck.

Je nach Bedarf kann die Stellenzahl erweitert oder verkürzt werden und eine Untergliederung als Block oder Sprungadresse vorgenommen werden.

Weichen
VWDL1 = 1   1. Durchlauf
      = 0   folgende Durchläufe
VWxxx = sonstige Weichen

Die Adreßmöglichkeiten sind von der verwendeten Sprache abhängig. Die hier angegebenen Normierungen geben nur den Anfang einer Adresse vor. Zusätzliche Erweiterungen sind möglich.

5.6. Sonstige Varianten von AMIGO

Verwendung zusätzlicher Arbeitsbereiche. Neben den vorhandenen Satzbereichen, die im Ein-Ausgabe-Bereich liegen, können zusätzliche Arbeitsbereiche angelegt werden. Diese ermöglichen eine Bereitstellung mehrerer Sätze zu einem bestimmten Bearbeitungszeitpunkt. Zum Beispiel steht bei Gruppenwechsel der letzte Satz der alten Gruppe und der erste Satz der neuen Gruppe zur Verfügung. Die Arbeitsbereiche können auch so aufgebaut werden, daß nur bestimmte benötigte Teile des Satzes übernommen werden.

Lesesteuerung. Durch Einfügung selbst gesetzter Gruppen kann die Reihenfolge der Eingabe gesteuert werden. In Abb. 5.15 wird zuerst die Datei V1 bearbeitet und dann die Datei V2.

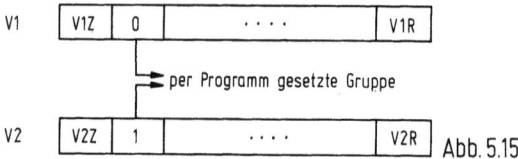

Abb. 5.15

Programme ohne Misch- und Gruppenverarbeitung. AMIGO ist primär für Misch- und Gruppierungsprobleme konzipiert. Das System ist aber auch für Bearbeitungen im Direktzugriff geeignet. Die Programmhierarchie sieht genau so aus, womit ein gleichartiger Aufbau aller Programme gewährleistet ist.

Bei den Programmablaufplänen ist dann folgender Unterschied:
Programmsteuerung: Mischprobleme können entfallen, Gruppenkontrolle kann entfallen.
Eingabe sequentiell: Es wird meist nur eine Datei u. U. ohne Sortierung eingelesen, also wird nur der Zweig für eine Datei erscheinen.
Bearbeitung: Es werden nur Satzarten einer Datei bearbeitet.
Gruppenbearbeitung: Kann entfallen, wenn keine Gruppenbildung durchgeführt wird.
Vorlauf: Unverändert.
Nachlauf: Unverändert.

6. Maximen der Programmierung

Die Arbeit eines Programmierers ist fast immer durch einen großen Zeitdruck gekennzeichnet. Dieser Umstand führt häufig dazu, daß die Qualität der Produkte und die Arbeitsmethode in vielerlei Hinsicht unbefriedigend sind. Die Konsequenzen sind dann Fehleranfälligkeit, erhöhte Aufwendungen und mangelnde Flexibilität, die oftmals zu einer völligen Neuerstellung der Programme führen. Will man diese Nachteile umgehen, muß man Maximen für die Programmierung aufstellen. Besonders bedeutsam sind:

- Sicherheit,
- Änderungsfreundlichkeit,
- Übersichtlichkeit,
- Testfreundlichkeit,
- Hantierungsfreundlichkeit.

Die folgenden Ausführungen sollen diese Maximen näher erläutern.

6.1. Sicherheit

Sicherheit steht über allen anderen Punkten. Unter Umständen ist zusätzlicher Kernspeicherplatz bereitzustellen. Folgende Anforderungen werden gestellt:

- *Hantierungssicherheit* (Kap. 9). Die Hantierung muß narrensicher und überprüfbar sein. Möglichst wenig Hantierung bedeutet möglichst hohe Sicherheit.
- *Ablaufsicherheit* (Kap. 8). Ein Programm soll möglichst nicht abgebrochen werden. Bei Abbruch soll nicht die komplette Arbeit wiederholt werden müssen. Die Benutzung von aktuellen Dateien soll gesichert werden.
- *Datensicherheit*. Es müssen immer Ersatzdateien zur Verfügung stehen, beim Magnetband das 3-Generationen-Prinzip, bei der Platte Plattenabzüge mit Regenerationsmöglichkeit. Die Ausnutzung von Regenerationsmöglichkeiten bei Unterscheidung von wesentlichen und unwesentlichen Informationen läßt häufig eine ordnungsgemäße Weiterarbeit zu. Das Redundanzprinzip zur Sicherung von Leitinformationen (Satzarten) ermöglicht die Erkennung von Fehlern. Außerdem muß die Vollständigkeit der Daten gewährleistet und eine mehrfache Benutzung unterdrückbar sein.

- *Wiederholungsmöglichkeit.* Programme müssen Wiederholungen zulassen; eine Modifizierbarkeit für Wiederholungen (z. B. Druckabschaltung) sollte vorgesehen sein.
- *Fehlererkennbarkeit.* Wesentlich ist, daß möglichst alle Fehler erkannt werden. Die Fehlererkennung dient ausschließlich der Sicherheit. Es gibt sachliche und abwicklungstechnische Fehler. Sachliche Fehler werden bei Abhängigkeitsprüfungen, Grenzprüfungen und Gültigkeitsprüfungen erkannt und müssen im Pflichtenheft vorgegeben werden. Als sachliche Kontrollen können Vollständigkeitsprüfungen (z. B. alle Kartenarten vorhanden, alle Felder gelocht usw.) sowie Gültigkeitsprüfungen (zulässige Kartenarten usw.) zusätzlich eingefügt werden. Abwicklungstechnische Fehler werden bei Datenflußkontrollen und bei der Datensicherung erkannt.
- *Korrekturmöglichkeiten.* Da ein Programmlauf möglichst nicht abgebrochen werden soll, muß die Möglichkeit bestehen, Korrekturinformationen in Folgearbeitsgängen einzuschleusen (z. B. Änderungen an Dateien). Die Korrekturmöglichkeiten müssen wegen der großen Fehleranfälligkeit besonders gesichert werden.
- *Protokollierung.* Alle Fehler sind zu protokollieren. Es sollte nach sachlichen Fehlern (nicht auf Bedienungsblattschreiber) und abwicklungstechnischen Fehlern (auf Bedienungsblattschreiber) getrennt werden.
- *Revisionsgesichtspunkte.* Alle Datenverarbeitungsvorgänge müssen auf sachliche Richtigkeit überprüfbar sein. Für die allgemeine Überprüfung, unabhängig vom Auftraggeber, gibt es eine Revisionsstelle.

Je nach Aufgabenart werden auch externe Überprüfungen durchgeführt. Im wesentlichen wird gefordert, daß keine unberechtigten und unerkannten Änderungen an den Verarbeitungen oder den Daten durchgeführt werden dürfen oder können. Alle Manipulationen müssen erkennbar und prüfbar sein.

6.2. Änderungsfreundlichkeit

Die erstellten Programme bleiben nicht über längere Zeiträume unverändert. Gründe dafür können sein, daß sich die Aufgabenstellung verändert, bessere Organisationsformen eingeführt werden, neue Ergebnisse verlangt werden oder Form und Zusammenstellung der Ergebnisse bzw. der Eingaben verändert werden.

Alle Unterlagen und Programme müssen also so aufgebaut werden, daß Änderungen leicht auszuführen sind.

- *Änderungen der Beschreibungen.* Der Aufbau der Beschreibungen muß so sein, daß sie leicht zu ändern sind. Davon sind Verfahrensbeschreibungen und Pflichtenheft, Programmbeschreibungen, Hantierungsvorschriften, Datenerfassungsanweisungen usw. betroffen.
Die Austauschbarkeit von Blättern muß gegeben sein, da Änderungen nicht zu einer Neuanfertigung der ganzen Beschreibung führen dürfen. Beschreibungen müssen so aufgebaut sein, daß eine Änderungsfreundlichkeit der Programme vorhanden ist. Ein schlechter Aufbau der Beschreibungen führt dazu, daß sie nicht geändert werden.
Wie zweckmäßig zu dokumentieren ist, wird im Kap. 17 beschrieben.

- *Programme* (Kap. 18). Erforderlich ist eine klare Aufgliederung der Programme. Ihre logische Aufgliederung ist im Kap. 5 gezeigt. Sie muß den Austausch von Programmteilen zulassen, wenn Änderungen erforderlich sind. Es sind dies Dateibeschreibungen, kleinere Tabellen und Verarbeitungsteile.
Die Änderungsfreundlichkeit hat einen großen Einfluß auf die Sicherheit. Sie kann einen erhöhten Aufwand bei der Programmierung und auch größere Programme verursachen. Zum Beispiel ist das Generatorprinzip bei häufig zu erwartenden Änderungen im Programm zweckmäßig. Tricks sollten möglichst nicht verwendet werden. Dagegen empfehlen sich höhere Programmiersprachen und Standardprogramme, die besonders änderungsfreundlich sind. Kleinere Programme lassen sich leichter ändern als große. Auch kann die Modulstruktur zur Änderungsfreundlichkeit beitragen.
Schlecht aufgebaute Programme und Dokumentationen erfordern eine Neuprogrammierung der Aufgabe.

- *Daten.* Programme und Verfahren müssen so aufgebaut sein, daß Dateien geändert werden können. Dazu können höhere Programmiersprachen und standardisierte Dateibeschreibungen beitragen. Es ist scharf zwischen Daten und Programm zu trennen. Tabellen sind Daten und gehören nicht in Programme.
Bestehende Dateien müssen gegen unbefugte Änderungen gesichert sein. Ausgefallene Dateiaufbauten oder Satzstrukturen verhindern den Einsatz von Standardprogrammen.

6.3. Übersichtlichkeit

Die Übersichtlichkeit wird bei den Programmen und bei der Dokumentation gefordert. Folgende Punkte sind in diesem Zusammenhang bedeutsam:

- *Gliederung der Aufgabe.* Gliederung des Verfahrens in Arbeitsgänge; Gliederung eines Arbeitsganges in eine zweckmäßige Hierarchie (Kap. 5).
- *Erläuterungen.* Je nach Programmiersprache ist eine unterschiedliche Erläuterungsdichte notwendig. Die Erläuterungen sollten die Aufgaben und die benutzte Programmiertechnik betreffen. Auch bei Datenfluß- und Programmablaufplänen sind sie erforderlich. Zusatzerläuterungen auf extra Blättern empfehlen sich, wenn es sich um längere Ausführungen handelt. Alle Erläuterungen müssen so sein, daß sie jeder Programmierer versteht. Werden sie auf Programmkarten gegeben, so ist die Pflege besonders einfach.
- *Zweckmäßige Abgrenzungen.* Die Aufteilung von Verfahren und Programmen soll im wesentlichen durch die Aufgabenstellung bestimmt sein. Zusammengehörende Arbeit soll auch in einem Programmteil liegen. Ausnahmen bilden nur die mehrfach verwendbaren Unterprogramme.
- *Programmiertricks.* Tricks, die nur geringfügige Einsparungen bezüglich Zeit oder Platz erbringen, sollten vermieden werden. Sie sind für einen Uneingeweihten ohne ausführliche Erklärungen unverständlich. Enthaltene Fehlermöglichkeiten sind u. U. nicht zu erkennen. Zur Überlistung bestimmter Anlageneigenschaften sind Tricks grundsätzlich verboten, da deren Funktion nicht gewährleistet ist.
- *Graphische Darstellungen.* Graphische Darstellungen von Zusammenhängen sind die übersichtlichste Form der Dokumentation. Für Grobstrukturen sind sie immer geeignet, da diese nicht von Detailänderungen betroffen werden. Es ist zweckmäßig, Datenflußplan, Programmablaufplan und Blockdiagramm sowie bestimmte Vorgänge graphisch darzustellen. Bei größeren Darstellungen empfiehlt sich eine Aufteilung auf einzelne Blätter nach dem Baustufenprinzip.
- *Überblickbare Größen.* Mit wachsender Größe von Verfahren und Programmen nimmt die Beherrschbarkeit ab. Bei Verfahren sind Verkleinerungen kaum möglich, dagegen ist die Programmstruktur steuerbar. Eine Aufteilung der Programme in entsprechend

überblickbare Größen ist für die Programmierung und Dokumentation wichtig. Auch der Test und die Programmwartung werden dadurch beeinflußt.

Die Schwierigkeiten nehmen mit der Größe überproportional zu. Zweckmäßige Größenordnungen sind:
Programme: ca. 50 KB.
Programmteil: ca. 5—10 Blätter mit Befehlen.
Beschreibungen: max. 1 DIN A 3 als Einheit.

- *Festlegungen.* Durch die Festlegungen (Adressierung, Verknüpfungen, Protokolle, Abkürzungsverzeichnis) sollen gewisse Normierungen innerhalb des Verfahrens bzw. Programmes gegeben werden. Im einzelnen werden bestimmte Abkürzungen verwendet, um lesbare und interpretierbare Adressen zu bekommen. Allgemeine Vorschriften sind dabei zu beachten (Kap. 5). Allgemein oder speziell gültige Verknüpfungsmechanismen für Programmteile werden festgelegt (z.B. Parameterversorgung usw.) und von allen Programmen einheitlich aufgebaute Protokolle, z.B. Fehlermeldungen, geschrieben. Für Erläuterungen und Beschreibungen werden normierte Abkürzungen, die in einem Verzeichnis beschrieben sind, verwendet. Zusätzliche arbeitstechnische Festlegungen wie Aufgabenabgrenzungen, Zuständigkeiten usw. seien hier nur kurz erwähnt.

- *Einheitliche Programmstruktur.* Eine einheitliche Programmstruktur erleichtert die Durchschaubarkeit von Programmen. Die Verwendung normierter Programmhierarchien (Kap. 5) ist also zweckmäßig. Der Einsatz von standardisierten Programmteilen (Module, Unterprogramme usw.) und Standardprogrammen ist besonders vorteilhaft.

- *Optische Gliederung.* Sie ist schon bei der Erstellung der symbolischen Programme zu beachten. Sinnvolle Anordnungen (z.B. Einrückung usw.) ergeben eine bessere Lesbarkeit (Abb. 6.1). Dazu gehört auch, daß nur ein Befehl je Karte geschrieben wird (Abb. 6.2).

- *Formeldarstellung.* Es sollen keine ausführlichen verbalen Beschreibungen gegeben werden, wenn eine mathematische Darstellungsform möglich ist. Die Formeldarstellung ist kürzer, prägnanter und eindeutiger. Dies gilt auch für die Programmierung. Zum Beispiel ist der COMPUTE-Befehl statt einer Kette sonstiger arithmetischer Operationen zu verwenden.

```
002010 DATA DIVISION.
002020 FILE SECTION.
002030 FD  EINGABE  RECORDING F    LABEL RECORD OMITTED
002040     DATA RECORD P-KARTE A-KARTE.
002050 01  P-KARTE.
002060     05  KA-P                 PICTURE XX.
002061         88    P-KA           VALUE '01'.
002070     05  PERS-NR-P            PICTURE 9(8).
002080     05  NAME                 PICTURE X(40).
002090     05  DIENST.
002100         10    WERK           PICTURE X(5).
002110         10    ABT            PICTURE X(10).
002120         10    ORT            PICTURE X(5).
002130     05  FILLER               PICTURE X(10).
002140 01  A-KARTE.
002150     05  KA-A                 PICTURE XX.
002151         88    A-KA           VALUE '02'.
002160     05  PERS-NR-A            PICTURE 9(8).
002170     05  AUFGABE              PICTURE X(40).
002180     05  SOLL                 PICTURE S999V9.
002190     05  IST                  PICTURE S999V9.
002200     05  FILLER               PICTURE X(22).
```

Abb. 6.1

```
210010 U210 SECTION.
210020 A.  ADD 1 TO XZ-BLATT
210030     IF XZ-ANZAHL = 1 GO TO B.
210040     IF XZ-ANZAHL NOT = 0
210050     MOVE XH-ACHTUNG TO ACHTUNG GO TO B.
210060     MOVE '"PERSONAL-KARTE FEHLT"' TO XH-DIENST
210070     MOVE SPACE TO NAME IN XX-NAME.
210080 B.  WRITE LISTE FROM XX-DIENST BEFORE 2
210090     WRITE LISTE FROM XX-NAME BEFORE 2
210100     WRITE LISTE FROM XX-PERS-NR BEFORE 3
210110     MOVE SPACE TO LISTE
210120     WRITE LISTE BEFORE 2
210130     MOVE XX-FELD TO LISTE
210140     EXAMINE LISTE REPLACING ALL '|' BY '-'
210150     WRITE LISTE BEFORE 1
210160     WRITE LISTE FROM XX-RESTZEILE BEFORE 1
210170     WRITE LISTE FROM XX-FELD BEFORE 1.
210180 Z.  EXIT.
220010 U220 SECTION.
220020 A.  SUBTRACT IST IN A-KARTE FROM SOLL IN A-KARTE GIVING DIFF IN
220030     LISTE
220040     MOVE STRICH TO STRICH-1 STRICH-2 STRICH-3 STRICH-4 STRICH-5
220050     MOVE CORRESPONDING A-KARTE TO LISTE
220060     WRITE LISTE BEFORE 1
220070     ADD 1 TO XZ-ZEILE.
220080 Z.  EXIT.
```

Abb. 6.2

6.4. Testfreundlichkeit

Da der Test eines Programmes einen großen Anteil der Programmerstellungszeit beansprucht, ist es wesentlich, die Programme testfreundlich aufzubauen. Folgende Punkte beeinflussen die Testfreundlichkeit eines Programmes:

- *Programmiersprache.* Je maschinenunabhängiger die Programmiersprache ist, um so testfreundlicher wird ein Programm. Während höhere Programmiersprachen immer ablauffähige Programme abliefern, ist dies bei maschinenorientierten Sprachen nicht der Fall.

Maschinenunabhängige Programmiersprachen sind COBOL,

ALGOL, FORTRAN, PL1, LPG. Maschinenorientierte Sprachen sind Assembler. Da bei letzteren ca. die dreifache Befehlszahl geschrieben werden muß, erhöht sich die Fehlerhäufigkeit ebenfalls mindestens um diesen Faktor. Bei problemorientierten Sprachen ist außerdem der Sprachumfang meist geringer und damit besser beherrschbar.
Die je Sprache angebotenen Testhilfen sind unterschiedlich (Kap. 16).
- *Programmaufbau.* Wesentlich ist die Unterteilung der Programme und Verfahren in überblickbare Größen durch Aufteilung in Abschnitte. Programme können dann mit der niedrigsten Hierarchie beginnend getestet werden. Durch einen entsprechenden Programmaufbau kann beim Test auch die Menge der zu benutzenden Dateien minimiert werden.
- *Programmgröße.* Es ist je nach Aufgabe die optimale Größe für einen Test zu benutzen. Je nach Teststadium verändert sich die Größe. Man beginnt mit einzelnen Abschnitten und geht bis zum kompletten Programm. Diese Methode darf aber nicht zu wesentlichem Mehraufwand führen (umfangreiche Testrahmen).
- *Overlay-Technik.* Die Overlay-Technik kompliziert den Test eines Programmes erheblich. Der Einsatz dieser Technik ist aber aus anderen Gründen sehr sinnvoll. Soweit als möglich sind die Programme erst ohne Overlay-Technik auszutesten. Erst danach wird die Overlay-Technik getestet.
- *Testhilfen.* Programme sollten so aufgebaut sein, daß der Einsatz von Standard- oder individuellen Testhilfen möglich ist. Diese können den Test eines Programmes wesentlich erleichtern, zur besseren Austestung von Programmen beitragen und den Testvorgang beschleunigen (Kap. 16).
- *Programmiertricks.* Programmiertricks erschweren den Test eines Programmes. Der Begriff Programmiertrick ist sehr weit zu fassen. Zum Beispiel gehören dazu auch Weichen, die in Abhängigkeit von anderen Weichen gestellt werden. Werden solche Methoden verwendet, so sind sie durch Schreibtischtests besonders sorgfältig vorzuprüfen und genau zu beschreiben.
- *Hardwarebenutzung.* Bestimmte benutzte Hardwarefunktionen der Anlage können den Test erheblich erschweren (z.B. Datenfernübertragung). Zur Austestung von Programmen verzichtet man zunächst auf echte Übertragungen und führt eine Simulation dieses Vorgangs durch. Simulationen sind immer dann sinnvoll, wenn die echten Funktionen zu Schwierigkeiten bei den Tests der Arbeitsprogramme führen.

6.5. Hantierungsfreundlichkeit

Der Erfolg eines Verfahrens hängt wesentlich davon ab, ob das Rechenzentrum es einwandfrei abwickeln kann. Alle Bedienungsmaßnahmen müssen also hantierungsfreundlich gestaltet sein. Diese Maßnahmen werden wesentlich durch die Aufgabenfestlegung und Programmierung beeinflußt.

Die wichtigsten Ergebnisse der Hantierungsfreundlichkeit sind: größere Sicherheit — weniger Fehler, Zeiteinsparung — weniger Wiederholungen, geringere Kosten — schnellere Abwicklung, termingerechte Arbeit.

Folgende Punkte haben Auswirkungen auf die Hantierungsfreundlichkeit:

- *Gerätebenutzung.* Alle Geräte sollen so benutzt werden, daß innerhalb eines Verfahrens möglichst wenig Hantierungen anfallen. Zum Beispiel sollen bei der Verwendung von Magnetbändern bei einer Kette von Programmen weiterzubearbeitende Spulen nicht umgehängt werden müssen und bei der Verwendung von Druckern Papiereinstellungsroutinen (line up routine) vorhanden sein.

- *Steuerkarten.* Die zum Ablauf eines Programmes notwendigen Steuerkarten sollten auf ein Minimum reduziert werden. Soweit als möglich, sind variable Angaben auf den Steuerkarten zu vermeiden, da die Fehlermöglichkeiten sehr hoch sind. Steuerkarten sind allerdings immer noch besser als Blattschreibereingaben.
  Die Zuständigkeit für die Aktualisierung von Steuerkarten muß genau geregelt sein. Die Richtigkeit von Steuerkarten muß durch geeignete Maßnahmen sichergestellt sein.

- *Protokollierung.* Die Protokollierung muß nach einem bestimmten einheitlichen Schema vorgenommen werden (Kap. 9.3). Protokolle sollen kurz und prägnant, Erläuterungen der Protokolle in der Hantierungsvorschrift enthalten sein. Protokolle, bei denen spezielle Antworten erforderlich sind (Dateneingabe usw.), sind zu vermeiden.

- *Hantierungsvorschriften.* Diese müssen die Grundlage für alle Bedienungsmaßnahmen an der Maschine sein. Alle beschriebenen Maßnahmen müssen daher leicht durchführbar, eindeutig und leicht verständlich, vollständig und richtig sein.

7. Benutzung der Anwendersoftware

Wie schon erwähnt, kann die Erstellung von Programmen für eine spezielle Aufgabe durch Rückgriff auf vorliegende standardisierte Lösungen erheblich vereinfacht werden. Diese Standards werden auch als Anwendersoftware bezeichnet. Wir können hierbei Module, Makros und Programme unterscheiden.

7.1. Module und Makros

Es sind hier also nicht die Module des Betriebssystem gemeint, sondern anwendungsbezogene, standardisierte Aufgabenlösungen in Modulform, die jeder Benutzer frei wählbar verwenden kann. Bei einer Aufnahme dieser Module in eine Modulbibliothek werden sie bei Bedarf automatisch eingebunden. Ähnliche Bedingungen gelten für Makros, die deshalb hier nicht explizit genannt werden. Es gibt mehrere Gründe für den Einsatz der Modultechnik:

- Mehrfach auftretende ähnliche oder gleichartige Aufgabenstellung.
- Ergänzung des Betriebssystems.
- Lösung einer Teilaufgabe in einer anderen Sprache als das restliche Programm, da sonst nicht lösbar.
- Erhöhung der Effektivität durch optimale Programme.

Diese Gründe gelten auch für Standardmodule. Diese müssen allerdings bezüglich der Kernspeicherbelegung optimal ausgelegt sein. Dies ist nur gegeben, wenn sie in Assembler geschrieben sind. Ein besonders typischer Anwendungsfall ist gegeben, wenn Programme in COBOL-Sprache durch Assemblermodule ergänzt werden, um Funktionen des Organisationsprogrammes oder des Ein-Ausgabe-Systems zu nutzen. Zu beachten ist dabei allerdings, daß diese Technik die Kompatibilität zu anderen Systemen beeinträchtigt.
Die Modultechnik erfordert einen zusätzlichen Kernspeicherbedarf, der je nach Sprache unterschiedlich ist. Für die Siemens-Anlage 4004/35-55 gelten hierbei folgende Bedingungen:

COBOL-*Module*:
          einmalig: ca. 200 Bytes
          je Modul: ca. 1100 Bytes
          je angesprochene Datei: ca. 230 Bytes
          (sequentiell)

Assembler-Module: ca. 150 Bytes

Daraus ergibt sich eindeutig, daß die Modultechnik bei kleineren Modulen nur interessant ist, wenn sie in Assembler geschrieben sind.

7.2. Standardprogramme

Es sind Programme gemeint, die in standardisierter Form vorliegen und anwendungsbezogen eingesetzt werden können. Es kann Systemsoftware oder auch Anwendersoftware sein. Sie müssen auf einfache Weise verschiedenen Anforderungen angepaßt werden können. Von den Systemprogrammen gehören z. B. die Umsetzprogramme zu dieser Kategorie.

Sofern für die zu lösende Aufgabenstellung ein Standardprogramm vorhanden ist, sollte es, falls nicht begründete Einwände vorhanden sind, verwendet werden. Es können sich dadurch erhebliche Vorteile ergeben:

- Einsparung von Programmierzeit.
- Einsparung von Testzeit.
- Sofortiger Einsatz möglich.
- Weniger Fehler, leichter zu ändern.

Nachteilig kann ein etwas höherer Kernspeicherbedarf sein. Auch können u. U. etwas verlängerte Ablaufzeiten auftreten. Die Vorteile sind aber meist größer.

Zu Beginn müssen meist Aversionen überwunden werden, da ein Teil der Einsparungen zunächst durch das Studium der Unterlagen verlorengeht. Der volle Effekt ergibt sich erst beim zweiten Einsatz. Die Nachteile sind von der Art des Standards abhängig; generierende Programme sind davon meistens frei.

Für bestimmte Aufgaben hat sich der Einsatz von standardisierten Programmen schon eindeutig durchgesetzt (z. B. Sortier- oder Mischaufgaben). Für Datenträgerumsetzung, Filter-Trennaufgaben und Druckaufgaben ist er unbedingt zu empfehlen. Zum Teil sind in den Betriebssystemen entsprechende Programme enthalten.

Ist bekannt, daß bestimmte Aufgaben in ähnlicher Form öfter auftreten, so kann die Erstellung eigener Standards zweckmäßig sein, wobei dann allerdings der Systembetreuer eingeschaltet werden soll. Die Durchsprache mit potentiellen Benutzern ist zu empfehlen. Eine kurze und prägnante Beschreibung des Programmes muß erstellt werden.

7.3. Vorhandene Standards

Als Beispiele sollen hier Standards gezeigt werden, die für das Siemens-System 4004/35-55 existieren.

Neben den in den Betriebssystemen enthaltenen Programmen sind es:

Standardprogramme, Blattschreiberaufrufe

Name	Leistung
BADRU	Druckprogramm
SEENOT	Etikettierprogramm in Notfällen
PRODRU	Protokolldruck
BANDET	Etikettierprogramm
PAX1	Parity Extrahier Programm
VERDI	Verdichten von Übersetzungslisten
PLUMS	Umsetzen Band—Platte und Platte—Band
NOTETI	Notetikett auf Magnetband
ASSGN1	Automatische Gerätezuweisung
VTOCINIT	Initialisieren des Etikettbereiches von Randomspeichern
DIRSORT	Sortieren des Inhaltsverzeichnisses der Bibliothek eines Platte-Betriebssystems
VIMREORG	Reorganisation einer VIM-Datei (s. folgende Übersicht)
CLC	Konvertieren von Band-Platte-COBOL-Bibliotheken ins Platte-Betriebssystem-Format
OLC	Auflisten der online-Randomspeicher
	Initialisieren von Magnetbändern
	Auflisten der freien Kernspeicherbereiche
	Auflisten verfügbarer Geräte
GPL	Auflisten Programmlängen
PLATIN	Platteninformationsvergleich

Module, Makros

Name	Leistung
DRUCK	Druck auf zwei Bahnen
STXBER	Fehlerbehandlungsmodul
OBCOC	Objekt-Code Korrektur
DALI	Umrechnung Gregor- in Lieferwochenkalender
MOPS	Protokollausgabe
LSLESE	Lochstreifenleseprogramm
KSPSOR	Kernspeichersortierung
FREIGABE	Freigabe von Geräten
DRUEIN	Formulareinstellung Drucker
DATEX	Tagesdatum
MUFTI1	Fehlerbehandlung Magnetband
FIXPKT	Fixpunktausgabe
OPEX	Löschen Plattenspeicherdateien
POSITAB1 POSITAB2 POSITAB3	Module zur Positionierung von Magnetbändern

Name	Leistung
VIM	Indexsequentielle Zugriffsmethode für Plattenspeicher
FKAL	Fabrikkalender
KSPSORT	Kernspeichersortierung
PURGE	Löschen von Randomdateien
QTRACE	Testhilfe für COBOL
EXMAC	COBOL-Modul zum Aufruf von Executivefunktionen
FACH2	COBOL-Modul zur Lochkartenablage ins Fach 2

8. Ablauftechnische Sicherung von Programmen

Alle Vorgänge im Rechenzentrum beinhalten die Möglichkeit fehlerhafter Ausführung. Aufgabe einer ablauftechnischen Sicherung ist es also, die Fehler so früh wie möglich zu erkennen und die Auswirkungen der Fehler zu minimieren. Die Sicherung hat zweckmäßigerweise programmiert zu erfolgen, da damit die Kontrollfunktion wesentlich besser ist. Folgende Vorgänge sind zu sichern bzw. sicherzustellen:

- Benutzung von Datenträgern.
- Eingabe von Steuerinformationen in die Maschine.
- Beseitigung von fehlerhaften Zuständen.
- Programme bzw. Programmketten gegen totalen Abbruch.
- Rekonstruktion von Dateien.
- Richtige Arbeitsreihenfolge.
- Benutzung von aktuellen Programmen und Datenträgern.
- Vermeidung von Datenverlust.

8.1. Softwaregesicherte Vorgänge

Einige der aufgeführten Vorgänge können durch die Standardsoftware abgesichert werden. Folgende Routinen sind dafür vorgesehen:

Etikettierung

Diese Sicherung ist für alle magnetischen Datenträger verwendbar. Da dadurch erheblicher Schaden verhindert werden kann, ist deren Verwendung Pflicht. Bei richtiger Benutzung ergeben sich dabei folgende Sicherungen:

- Die unbefugte Zerstörung von Dateien wird verhindert.
- Es werden die aktuellen Dateien verwendet.
- Es wird ein auftretender Datenverlust erkannt (Blockzähler).

- Die richtige Reihenfolge der Datenträger (z.B. Magnetbandspulen bei Spulenüberlauf) wird für die Bearbeitung sichergestellt. Zusätzliche Vorteile ergeben sich außerdem für den Rechenzentrumsbetrieb.

Fixpunkt
Die Fixpunkttechnik erlaubt die Speicherung eines bestimmten Programmzustandes und bei Bedarf den Wiederanlauf des Programmes bei diesem Zustand. Mit dieser Technik sichert man sich gegen Wiederholung eines Programmes wegen Maschinenstörung, Hantierungsfehler, fehlerhafter Daten und Datenverlust ab. Voraussetzung für einen Wiederanlauf ist, daß der Fehler noch während des Programmablaufes erkannt wird. Diese Technik sollte bei Programmen mit längerer Laufzeit immer eingesetzt werden, da komplette Programmwiederholungen zu aufwendig sind. Zur Vorbereitung des Wiederanlaufes werden u.U. zusätzliche Arbeiten wie Datenrekonstruktion usw. erforderlich sein.

8.2. Selbsterzeugte Sicherungen

Hierunter sind Sicherungen zu verstehen, die nicht im Betriebssystem enthalten sind, sondern per Anwendersoftware oder durch eigene Routinen durchgeführt werden.

Sicherung gegen Datenträgerfehler
Lassen sich die Datenträger nicht einwandfrei lesen, so darf im Normalfall der Ablauf nicht abgebrochen werden. Je nach Aufgabenstellung ergeben sich für die Weiterarbeit folgende Alternativen:

- *Aussteuerung der Information*. Sie wird bei der Bearbeitung übergangen und protokolliert, um später neu aufgenommen zu werden.
- *Bearbeitung der fehlerhaften Information*. Bei manchen DV-Anlagen werden die fehlerhaften Stellen sogar durch bestimmte Kombinationen gekennzeichnet (FF_{16} bei der Siemens 4004). Zusätzlich lassen sich Protokolle anfertigen, die den Benutzer auf Fehler hinweisen.
- *Abbruch der Bearbeitung*. Er ist nur dann zulässig, wenn zu viele Fehler das Gesamtergebnis wesentlich beeinträchtigen.

Sicherung von Direktzugriffsdateien
Werden in einem Verfahren Dateien im direkten Zugriff bearbeitet, so sind geeignete Maßnahmen zur Sicherung der Daten für folgende

Fehlermöglichkeiten vorzusehen:
- Physische Zerstörung des Datenträgers.
- Fehlerhafte Bearbeitung der Daten.
- Unbefugte Überschreibung.

Für die Sicherung können folgende Methoden verwendet werden:
- Kopieren der Datei auf Magnetbändern nach jedem Ablauf, der die Daten verändert.
- Kopieren der Datei in bestimmten Intervallen, Sammlung aller Änderungsdaten bis zur nächsten Anfertigung einer Kopie.
- Kopieren der Datei in größeren Zeitabständen, Speicherung aller Originaldaten, die verändert werden.

Diese drei Methoden erlauben die Rekonstruktion von Direktzugriffsdateien bei einem eventuellen Verlust. Welche Methode zweckmäßig verwendet wird, hängt von der Größe der Datei und der Änderungshäufigkeit ab. Je größer die Datei ist, um so größer wird der Aufwand für Kopien. Die Intervalle zwischen zwei Kopien sollten daher auch größer werden. Werden sehr viele Daten geändert, so wird die Speicherung der Originaldaten relativ aufwendig.

Ein wesentlicher Punkt ist auch die Benutzung der Fixpunkttechnik im Zusammenhang mit Direktzugriffsdateien. Die normale Fixpunkttechnik erwartet, daß alle Dateien auf einen Zustand zurückgeführt werden, wie er zum Zeitpunkt des Fixpunktes bestand. Bei Direktzugriffsdateien ist dies nur mit großem Aufwand möglich. Eine Vereinfachung der Sicherung ist nur möglich, wenn alle Daten, die nach einem Fixpunkt verändert werden, eine Kennzeichnung erhalten. Wird ein Wiederanlauf durchgeführt, so dürfen gekennzeichnete Daten nicht mehr bearbeitet werden. Für die Kennzeichnung sind entsprechende Stellen im Satz freizuhalten.

Benutzung der richtigen Programmversion

Da jedes Programm laufend verändert wird, ist es erforderlich, die verschiedenen Programmversionen voneinander zu unterscheiden und die jeweils aktuelle Version einzusetzen. Wird die Versionsnummer im Programmnamen geführt, so sind Verwechslungen ausgeschlossen. Ansonsten ist die Versionsnummer zu protokollieren und personell zu überprüfen.

Reihenfolge von Programmen

Bei jedem Verfahren ist eine bestimmte Reihenfolge der einzelnen Programme vorgeschrieben.

Neben der rein personellen Sicherung können auch maschinelle Absicherungen benutzt werden, indem durch eine entsprechende Etikettierung bei Magnetbanddateien eine Absicherung erfolgt und die Reihenfolge der Programme durch Steuerkarten vorgegeben wird (Kettung).

Sicherung gegen Gerätefehler

Speziell die Geräte, die nicht mit magnetischer Informationsdarstellung arbeiten, müssen bei auftretenden Fehlern manuell neu positioniert werden. Diese Positionierung muß unbedingt maschinell überprüft oder protokolliert werden, um einen Datenverlust oder die mehrfache Bearbeitung von Daten zu erkennen. Dabei sind Lochkarteneingabe, Lochstreifeneingabe, Drucker und Klarschriftleser zu beachten. Bei größeren DV-Anlagen ist es immer zweckmäßig, derartige Dateien in eigenen Programmen auf magnetische Datenträger umzusetzen oder von diesen zu erzeugen (Drucker). Dadurch wird der direkte Einfluß dieser Gerätefehler auf die Bearbeitung ausgeschlossen. Beim Drucker ist zu beachten, daß es hier oft nicht ausreicht, nur die letzte Zeile zu wiederholen; u.U. muß ein ganzes Blatt neu erstellt werden. Für diese Aufgabenstellung existieren meistens in der Anwendersoftware fertige Programme.

Sicherung von Steuerinformationen

Da Steuerinformationen besonders gravierende Auswirkungen auf den Programmablauf haben, sind diese Informationen genau zu überprüfen, wobei es allerdings noch darauf ankommt, ob die Steuerung durch Steuerkarten oder durch Blattschreibereingabe (nur in Ausnahmefällen) erfolgt. Die Steuerinformation ist zu Dokumentationszwecken und personeller Überprüfung zu protokollieren und maschinell zu überprüfen (Formatüberprüfung, Zulässigkeitsprüfung, Aktualität).

8.3. Vertretbarer Aufwand

Der Aufwand für Sicherungen muß in einer vernünftigen Relation zu den möglichen Auswirkungen von Fehlern stehen. Die Sicherungsmaßnahmen dürfen nicht aufwendiger sein als der Aufwand für die Beseitigung von Fehlern. Die Erzeugung von Fixpunkten sollte daher etwa im Abstand von einer Stunde Laufzeit erfolgen. Bei kürzeren Intervallen kann der Aufwand für die Fixpunkttechnik größer sein als die relativ selten erforderliche Wiederholung eines Programmes.

9. Hantierung

Wie schon im Kap. 6 gesagt, sollten möglichst wenig Hantierungsmaßnahmen vorgesehen werden. Jede Hantierungsmaßnahme beinhaltet eine große Fehlerwahrscheinlichkeit, die daher größere Absicherungsmaßnahmen erforderlich macht. Da die Hantierung meistens von Personen ausgeführt wird, die keine fundierten Kenntnisse des ablaufenden Programmes haben, müssen alle Maßnahmen so eindeutig sein, daß sie schnell und richtig ausgeführt werden können. Jeder Hantierungsfehler bedeutet meistens einen erheblichen Verlust an Maschinenzeit und verursacht damit auch erhebliche Kosten.

Die Programmierung kann also durch zweckmäßige Hantierungsmaßnahmen die rationelle Ausnutzung der DV-Anlage beeinflussen.

9.1. Die verschiedenen Hantierungsmaßnahmen

Es werden hier keine Hantierungen aufgeführt, die mit der Wartung der Anlage zu tun haben, sondern nur solche, die mit dem Ablauf eines Programmes im Zusammenhang stehen. Abb. 9.1 zeigt die wesentlichen Hantierungsmaßnahmen, die nicht durch das Betriebssystem verursacht werden.

Gerät	Hantierung	Bemerkung
Bedienungsblattschreiber	Programmaufruf Gerätezuweisung Parameterversorgung Programmbeendigung (bei Fehlern)	fehleranfällig
Lochkarten-Eingabe -Ausgabe	Lochkarten-Einlegen, Lochkartenablegen Lochkarten-Fehler beseitigen	fehleranfällig
Lochstreifen-Ausgabe -Eingabe	Lochstreifen-Einlegen, Lochstreifenablegen Lochstreifen-Fehler beseitigen (Riß)	fehleranfällig
Magnetband	Magnetband einhängen, aushängen Magnetband wechseln	
Magnetplatte	Magnetplatte einsetzen, herausnehmen Magnetplatte wechseln	
Drucker	Papier einlegen, einjustieren Druckfehler beseitigen Papierende beseitigen Vorschubstreifen einlegen	fehleranfällig

Abb. 9.1

Während des Ablaufs eines Programmes ergeben sich für die Hantierungen unterschiedliche Bedingungen:

Vor dem Start des Programmes

Die Maschine muß erst in einen bestimmten statischen Zustand versetzt werden, um arbeitsfähig zu sein (Rüsten der Geräte: Magnetbänder, Platten, Lochkarten, Lochstreifen, Drucker; Laden des Programmes). Welche Hantierungen durchzuführen sind, ist in speziellen Beschreibungen genau festgehalten. Diese Hantierungen sind bei einem Programm — mit gewissen Ausnahmen — immer gleich. Ausnahmen können dann auftreten, wenn bestimmte Datenträger fakultativ verwendet werden.

Die Datenträger selbst wechseln meistens von Ablauf zu Ablauf. Die Verwendung der richtigen Datenträger ist durch eine entsprechende Organisation des Rechenzentrums sicherzustellen.

Nach dem Start des Programmes

Alle Hantierungen nach dem Start eines Programmes müssen programmgesteuert aktiviert werden. Eine Ausnahme bilden Fehlerbehandlungen, die nicht automatisch gemeldet werden, sowie die Lochkartenzufuhr und -ablage.

Folgende Hantierungsmaßnahmen können auftreten:
- Wechseln von Datenträgern (Bänder, Platten).
- Zuordnung von Geräten.
- Papierwechsel am Drucker.
- Fehlerbeseitigung.
- Lochkartenzufuhr und -ablage.
- Abbruch von Programmen.
- Eingabe von Parametern über Bedienungs-Blattschreiber.

Sie finden alle während des Programmablaufes statt. Falsche Hantierungen können zu einer falschen Fortsetzung des Programmes und damit zur Verfälschung des Gesamtergebnisses führen. Aus diesem Grunde ist es wichtig, nur unbedingt erforderliche Hantierungen vorzusehen und sie immer zu überprüfen.

Nach der Beendigung des Programmes

Die Hantierungen nach der Beendigung eines Programmes sind unproblematisch, da der Programmablauf dadurch nicht mehr beeinflußt wird. Es sind dies die Archivierung der Datenträger und die Überprüfungsarbeiten. Die physische Archivierung kann z.T. gespart werden, wenn Folgeprogramme die gleichen Daten benutzen.

9.2. Standardhantierungen

Wird die DV-Anlage mittels eines Betriebssystems betrieben, so wird ein Teil der beschriebenen Hantierungen nicht mehr durch das Anwenderprogramm ausgelöst. Die während eines Programmablaufs auftretenden Maßnahmen, Datenträgerwechsel (Band, Platte), Gerätezuweisung und Fehlerbeseitigung (Gerät unklar usw.) werden dann normiert angefordert. Hiervon ist immer Gebrauch zu machen, da standardisierte Hantierungen eine kleinere Fehlerwahrscheinlichkeit haben.

Durch das System nicht standardisierte Hantierungen werden, falls sie häufig auftreten, zweckmäßigerweise auch normiert. Beispiele für solche Normierungen werden später noch gezeigt.

9.3. Protokolle

Die meisten Hantierungen während des Ablaufs werden durch eine entsprechende Anforderung auf dem Bedienungsblattschreiber ausgelöst. An die Form der Protokolle werden folgende Anforderungen gestellt:

- Möglichst kurz, auf eine Zeile begrenzt.
- Eindeutig, z.B. Fehlernummer.
- Kennzeichen, ob Antwort erwartet wird.
- Nur Protokolle, die vom Operator eine Aktion verlangen.
- Erläuterung der Aktion in der Hantierungsvorschrift.
- Unterscheidung zwischen Systemprotokollen und Anwenderprotokollen.

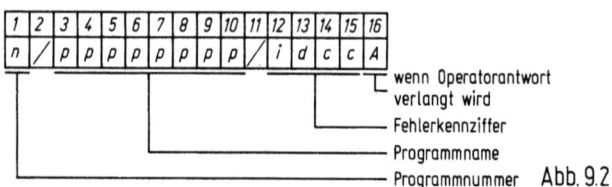

Abb. 9.2

Wesentlich ist, daß keine sachbezogenen Protokolle auf dem Bedienungsblattschreiber ausgegeben werden dürfen. Für die Siemens 4004 ist eine Normierung zweckmäßig, die sich an die bestehende Konvention des Betriebssystems anlehnt. Für das Platte-Betriebssystem zeigt Abb. 9.2 das Schema der Protokolle.

Anwenderprotokolle gliedern sich in:
- Unterbrechungen wegen falschen oder fehlenden Steuerkarten.
- Unterbrechungen wegen Hantierung an externen Geräten (z.B. Formularwechsel).
- Abstimmungen.

9.4. Eingaben über Bedienungsblattschreiber

Eingaben über den Bedienungsblattschreiber sind sehr langsam und fehleranfällig. Es ist daher zweckmäßig, nur kurze Antworten zuzulassen. Längere Angaben zur Steuerung von Programmen sind als Parameterkarten einzugeben. Die Antwortmöglichkeiten können folgendermaßen normiert werden:

T = Programmbruch (Terminate)
I = Fehler ignorieren (Ignore)
R = Wiederholung der Fehlerroutine (Retry)
M = Das Programm soll die letzte Anforderung näher erläutern (Message)
N = Nein
Y = Ja (Yes)

Die Zahl der benutzten Eingaben ist je Programm festzulegen und auch zu interpretieren. Die Programmroutinen müssen so aufgebaut sein, daß Tippfehler korrigiert und die Antwort wiederholt werden kann.

9.5. Hantierung an den sonstigen Geräten

Grundsätzlich verboten sind Gerätehantierungen, die am Wartungsfeld o.ä. ausgeführt werden müssen. Bei Anlagen der dritten Generation trifft dies auch für Hantierungen am Bedienungsfeld der Zentraleinheit zu.

Neben den schon erwähnten Hantierungen zum Austausch von Datenträgern sind besonders die Fehlerhantierungen interessant. Es sind nur solche Hantierungen zugelassen, die der Operator mit Hilfe der Hantierungsvorschrift ausführen kann, z.B. die Korrektur bei fehlerhaftem Kartentransport bei Lochkartengeräten, bei falscher Kartenreihenfolge, bei Papierstau am Drucker usw. Nicht zulässig sind solche Hantierungen bei den magnetischen Datenträgern.

9.6. Hantierungszeiten

Die Ablaufzeit eines Programmes setzt sich normalerweise aus Maschinenzeit plus Hantierungszeiten zusammen. Meistens wird der größte Teil der Hantierungszeit für das Rüsten der Anlage vor dem Start des Programmes benötigt. Da diese Zeit unabhängig von der Ablaufdauer ist, wird das Verhältnis zwischen Hantierungs- und Maschinenzeiten immer schlechter, wenn die Maschinenzeiten kürzer werden.
In Abb. 9.3 sind die normal auftretenden Rüstvorgänge mit den erforderlichen Zeiten aufgeführt. Voraussetzung bei diesen Zeiten ist eine entsprechend gute Vorbereitung der Arbeit durch eine Bereitstellung von Datenträgern und sonstigen Unterlagen.

Vorgang		Zeit
Band einhängen, aushängen		2 min/Spule
Bandwechsel		3 min/Spule
Papierwechsel/Drucker		3 min/Papierbahn
Lochkartenleser vorbereiten		1 min/Leser
Lochkartenstanzer vorbereiten		1 min/Stanzer
Lochstreifenleser vorbereiten		3 min/Spule
Lochstreifenstanzer vorbereiten		3 min/Spule
Plattenstapel einhängen		1 min/Stapel
Plattenstapel wechseln		3 min/Stapel
Ladeaufruf		1 min/Stapel
Protokoll mit Antwort		1,5 min
Programmband		2 min
Bandrückspulzeit	30 KB	2,5 m/s bis ca. 5 min/Band
Bandrückspulzeit	60 KB	3,8 m/s bis ca. 3 min/Band
Bandrückspulzeit	120 KB	7,6 m/s bis ca. 1,2 min/Band

Abb. 9.3

Die Zeiten für die in Abb. 9.3 nicht genannten Hantierungen lassen sich kaum festlegen, da sie von der Anforderung an den Operator abhängen. Eine Verringerung dieser Zeiten läßt sich durch eine sinnvolle Verkettung von Programmen erreichen. Sind innerhalb eines Verfahrens mehrere kurze Arbeitsgänge hintereinander mit den gleichen Datenträgern abzuwickeln, so sollten die Programme ohne wesentliche Umrüstung aneinander gehängt werden. Dies ist auch dann sinnvoll, wenn die Programme unterschiedliche Größen besitzen und für die Programmkette die maximale Konfiguration reserviert werden muß. Unter Programmkette wird hier eine Folge von Programmen verstanden, wobei nur das erste Programm explizit aufgerufen wird, die nachfolgenden durch das vorauslaufende Programm aufgerufen werden.

Eine weitere Verminderung von Hantierungszeiten kann durch die Benutzung von Wechseleinheiten erreicht werden. Die Hantierung kann hier simultan zum Ablauf des Programmes erfolgen, wobei zusätzlich die Wartezeiten für das Rückspulen der Bänder eingespart werden. Auch für andere Geräte lassen sich Hantierungsvorgänge simultan abwickeln.

9.7. Sonstige Hinweise zur Hantierung

Je nach Testziel kann ein Ferntest oder ein Programmiertest zweckmäßig sein. Beim Ferntest müssen die Hantierungen den gleichen Bedingungen genügen wie bei Produktivläufen. Beim Programmiertest können auch kompliziertere Hantierungen zugelassen werden, soweit sie zur Fehlersuche zweckmäßig sind. Eine Ausnahme kann in diesem Fall auch bei den Protokollen gemacht werden.
Sofern sich eine Hantierung maschinell überprüfen läßt, muß dies geschehen. Ein Teil der Hantierungen wird sowieso automatisch durch das Betriebssystem überprüft (z.B. Gerätezuweisungen). Es können nur vorhandene Geräte zugewiesen werden.
Eine weitere Absicherung stellt die Etikettierung der Datenträger dar. Jede Benutzung falscher Datenträger oder eine falsche Reihenfolge wird dadurch erkannt. Daher ist die Benutzung der Etikettierung aus Gründen der Hantierungssicherheit unbedingt erforderlich.
Bei Datenträgern, für die keine Etikettierung vorgesehen ist, sind entsprechende andere Maßnahmen vorzusehen (z.B. Reihenfolgeprüfung bei Lochkarten usw.). Falls keine vollständige Überprüfung möglich ist, so muß wenigstens die Plausibilität einer Hantierung überprüft werden.
Da Hantierungen fehlerfällig sind, sollten komplizierte Hantierungen entweder in kurz laufende oder kleine Programme eingebaut werden, falls sie nicht gänzlich zu vermeiden sind. Damit soll erreicht werden, daß Fehlhantierungen möglichst geringe Auswirkungen im Rechenzentrumsbetrieb ergeben. Beispiel: Die fehleranfällige Lochkarten-Eingabe geschieht in einem Kleinprogramm.

9.8. Hantierungsvorschrift

Die Hantierungsvorschrift ist ein Teil der Verfahrensdokumentation. Während mit der Verfahrens- und Programmbeschreibung nur kürzere Zeit dauernd und dann jeweils sporadisch für die Programmpflege gearbeitet wird, muß nach der Freigabe des Programms mit der Hantierungsvorschrift dauernd gearbeitet werden. Aus diesem Grunde werden an sie strenge Maßstäbe zu legen sein, wobei auf folgende Punkte besonders zu achten ist:

- *Vollständigkeit.* Alle verlangten Unterlagen müssen auf den vorgesehenen Formblättern vorhanden sein (formelle Vollständigkeit). Alle auftretenden Hantierungen und Protokolle müssen beschrieben sein (sachliche Vollständigkeit).
- *Übersichtlichkeit.* Das einheitliche Ordnersystem und alle Darstellungen sowie Beschreibungen sollen es dem Operator möglich machen, alle erforderlichen Informationen sofort aufzufinden.
- *Eindeutigkeit.* Alle Angaben haben so zu erfolgen, daß sie eindeutig interpretierbar sind. Zweckmäßigerweise dürfen auch dem Operator keine Entscheidungen überlassen werden. Sind Alternativhandlungen vorgesehen, so müssen die Bedingungen dafür eindeutig sein.

Wie die Hantierungsvorschrift im System der Verfahrensdokumentation einzuordnen wäre, wird im Kap. 17 gezeigt.

Ein Teil der für die Hantierungsvorschriften benötigten Unterlagen ist auch für die Verfahrens- und Programmbeschreibung erforderlich und kann daher unverändert übernommen werden.

Folgende Unterlagen werden in einer Hantierungsvorschrift benötigt:

- *Datenflußpläne.* Diese sollen aufzeigen, wie ein Programm innerhalb eines Verfahrens angeordnet ist. Die Datenflußkontrolle zeigt, welche Kontrollen das Verfahren absichern.
- *Formblätter.* Auf diesen Blättern werden alle Hantierungen aufgeführt, die für das Rüsten der Anlage erforderlich sind. Bei Anlagen mit Multiprogramming werden auch die für diesen Betrieb erforderlichen Angaben gemacht.
- *Datenträger-Organisation.* Es wird die Datei- und Satzstruktur der Datenträger beschrieben (z.B. Sortierung). Damit sollen u.U. erforderliche Korrekturarbeiten ermöglicht werden (z.B. Beseitigung von Sortierfehlern bei Lochkarten).
- *Externer Speicherlaufplan, Dateiaufkleber.* In diesem Plan wird die Benutzung der Dateien innerhalb eines Verfahrens aufgezeigt. Die aktuellen Archivnummern des Datenträgers können entnommen werden. Der Operator kann daraus ersehen, welche Datei wo benutzt und wo erzeugt wird. Der Dateiaufkleber wird für die Beschriftung von neu erzeugten Datenträgern benötigt.
- *Hantierung bei Unterbrechung.* Alle Meldungen, die eine Unterbrechung des Programmes verursachen und vom Benutzerpro-

gramm erzeugt werden, müssen in Ursache und auszuführender Maßnahme beschrieben werden.
In den Abb. 9.4 bis 9.9 sind die Formblätter für die Hantierungsvorschrift sowie zum besseren Verständnis Beispiele für die Erstellung angegeben. Die Abb. 9.4 bis 9.8 zeigen ein Beispiel für einen geketteten Ablauf, Abb. 9.9 zeigt das Deckblatt für einen Einzelablauf.

Programm-Name		M O N I T R
Ablauf-Parameter		ja [x] nein [ ]
Kernspeicherzuordnung für Ladeaufruf:	50 K	Bytes

Programmklasse	5	E/A-intensiv	X	Turnus	wöchentlich
Rechenintensiv		Betriebssystem	PBS	Laufzeit je Turnus	120 Min

Programm-Name	P1V33V	P1V34V	SORT	P1V60V		
Kernspeicher-Bedarf	20 KB	45 KB	50 KB	15 KB	KB	KB
Wiederanlauf bei Abbruch der Kette	ja [x]	ja [ ]	ja [x]	ja [ ]	ja [ ]	ja [ ]

Geräte						
LKE	SYSIPT					
DR		SYSLST		SYSLST		
MB/9	SYS020	SYS020	SYS020			
MB/9		SYS021				
MB/9			SYS024	SYS024		
MB/9			SYS025			
MB/9			SYS026			

Legende:
BS = Bedienungsblattschreiber   DR = Drucker   LKA = Lochkartenausgabe
BL = Belegleser   GP = Großplattenspeicher   LKE = Lochkarteneingabe
MB/9 = Magnetband – 9-Spur   MK = Magnetkarte   LSA = Lochstreifenausgabe
MB/7 (wc) = Magnetband – 7-Spur   MP = Magnetplatte   LSE = Lochstreifeneingabe

Bemerkungen: Der Ablauf kann mit minimal 45 KB gefahren werden.

Abb. 9.4

Abb. 9.10 (s. S. 74 u. 75) zeigt einen Ausschnitt aus einem Speicherablaufplan für ein spezielles Beispiel. Folgende Informationen lassen sich daraus erkennen:

- Auf welchen physischen Datenträgern steht welche aktuelle Datei?
- Wie lange wird eine Datei aufgehoben?

Abb. 9.5

- Wie viele Informationen (Blöcke) enthält die Datei?
- Welches Programm liest oder erzeugt die Datei?
- Welcher symbolische Gerätename ist der Datei zugeordnet?
- Auf wie vielen physischen Datenträgern steht die Datei?
- Wann und von wem ist die Datei erzeugt worden?

Magnetbänder

Symbol, Gerätename	Datei-Name	7/9 Spur	E/A	Steuer-byte	Sperr-frist i.Tg.	Datei-Indifikation / Bemerkungen	
S Y S Ø 2 Ø	F 2 4 A U S	9	A		6Ø	F24NBØ7Ø	für P1V33V
	F 2 4 E I N	9	E			"	" P1V34V
	S O R T I N	9	E			"	" SORT
S Y S Ø 2 1	F 2 3 E I N	9	E		6Ø	F23NBØ71	" P1V34V
S Y S Ø 2 4	S O R T U S	9	A		6Ø	F25NBØ79	" SORT
	F 2 5 E I N	9	E			"	" P1V6ØV
S Y S Ø 2 5		9/7	E/A		-	Arbeitsband	für SORT
S Y S Ø 2 6		9/7	E/A		-	"	"

Großspeicher

Symbol, Gerätename	Datei-Name	1) Speich. Typ	2) E/A U	3) Ber.- Zuw.	Sperr-frist i.Tg.	Datei-Indifikation / Bemerkungen

1) MP = Magnetplatte; MK = Magnetkarte; GP = Großplatte
2) E = reine Eingabedatei; A = reine Ausgabedatei; U = Update-Datei; E/A = Arbeitsdatei
3) D = vor Erstellung der Datei; T = vor jedem Ablauf; S = Sonderturnus

Bemerkungen:

Abb. 9.6

```
// JOB V33V    KONTOKORRENT AG12 BIS AG15          V33V  AØ
// ASSGN-Karten
// EXEC P1V33V                                      V33V  BØ
// EXEC P1V34V                                      V33V  CØ
// VOL SYSØ2Ø,SORTIN                                V33V  DØ
// TPLAB 'F24NBØ7Ø AUFTRAGUzzzzzzØØØ1ØØØ1ØØØ1Ø1     V33V  EØ
// VOL SYSØ24,SORTUS                                V33V  FØ
// TPLAB 'F25NBØ71 AUFTRAGSzzzzzzØØØ1ØØØ1ØØØ1Ø1 ØØØØØØØØØ6Ø  V33V  GØ
// OPTION PARAM                                     V33V  HØ
// EXEC SORT                                        V33V  IØ
 SORT FIELDS=(ØØ2Ø,Ø12,1,A,B,ØØ72,ØØ2,2,A,B)        V33V  JØ
 RECORD LENGTH=12Ø,TYPE=F                           V33V  KØ
 INPFIL BLKSIZE=12ØØ,INPUT=Ø2Ø,BYPASS               V33V  LØ
 WORKFIL WORK=(Ø25,Ø26,Ø24)                         V33V  MØ
 OUTFIL BLKSIZE=12ØØ,OUTPUT=Ø24,CLOSE=NORWD         V33V  NØ
 END                                                V33V  OØ
// END                                              V33V  PØ
// EXEC P1V6ØV                                      V33V  QØ
// MEND                                             V33V  RØ
Datenkarten für P1V33V (Kartenart = P1)
```

Bemerkungen: zzzzzz = ¤ (Raute) oder Mehrfachlochung 12,11,Ø,9,8,7 (=FF16)

Abb. 9.7

Anmerkung:
Die Abb. 9.7 zeigt die für den Ablauf erforderlichen Steuerkarten.

Meldung	Bedeutung	Maßnahme/Antwort
P1V33V		
VORLAUFKARTE P1...	FEHLT	Programmabbruch
P1V34V		
keine Protokolle		
SORT		
siehe Bedienungsanleitung		
P1V6ØV		
SORTIERFOLGEFEHLER	BEI xxxxxxx	keine
Wiederanlaufmöglichkeit		
Ein Wiederanlaufpunkt ist nur möglich bei SORT (ab Monitorsteuerkarte V33V --DØ)		

Abb. 9.8

Programm-Name **P 1 F 2 5 N**

Ablauf-Parameter   ja [x]   nein [ ]

Kernspeicherzuordnung **MONITOR**
für Ladeaufruf: ......15...... K Bytes

Benötigte Peripherie:

Gerät	Anz.
Lochkarteneingabe	1
Lochkartenausgabe	
Lochstreifeneingabe	
Lochstreifenausgabe	
Drucker 1bahnig	1
Drucker 2bahnig	

Gerät	Anz.
Magnetband 7-Spur	
Magnetband 9-Spur	2
Magnetplattenspeicher	
Magnetkartenspeicher	

Programm-Charakter:

Programmklasse	2	KSP-Bedarf	15ØØØ	Betriebssystem	PBS
Overlays		Wiederanlauf			
Rechenintensiv		E/A-intensiv	x		

Turnus: __nach Bedarf__   Laufzeit je Turnus: __ca. 1Ø Min.__

Abb. 9.9

72

9.9. Checkliste: Hantierung

Mit Hilfe der Checkliste können die vorgesehenen Hantierungen überprüft werden:
- Lassen sich Programmketten bilden?
- Sind bei Programmketten die Gerätezuordnungen so möglich, daß Datenträger nicht ausgewechselt werden müssen?
- Sind line-up-Routinen vorgesehen?
- Sind auf Druckerformularen Einstellmarken vorgesehen?
- Werden normierte Vorschubstreifen verwendet (Abb. 9.11)?
- Werden die Protokolle in normierter Form ausgegeben?
- Sind nur normierte Antworten zugelassen?
- Ist ein Wiederanlauf vorgesehen?
- Wird mit Etikettierung gearbeitet?
- Werden die Hantierungsmaßnahmen maschinell überprüft?
- Lassen sich sinnvoll Wechseleinheiten benutzen?
- Erscheinen auf dem Bedienungsblattschreiber nur Protokolle für den Operator?
- Ist für jedes Programm bzw. Programmkette eine Hantierungsvorschrift vorhanden?
- Ist die Aktualisierung von Ablaufparametern eindeutig geregelt?
- Können Ablaufparameter durch Programmroutinen ersetzt werden?
- Werden Ablaufparameter (individuelle) durch Lochkarten eingegeben?
- Ist die Vollständigkeit von Datenträgern gesichert (Lochkarten, Lochstreifen)?
- Sind für die Geräte genormte symbolische Gerätenamen verwendet?
- Werden keine verbotenen Hantierungsmaßnahmen verlangt (Hantierung am Wartungsfeld usw.)?
- Entspricht die Hantierungsvorschrift den bestehenden Konventionen?
- Sind aufwendige Hantierungen in Kleinprogrammen untergebracht?
- Wird bei Lochkarten-Eingabefehlern die Lochkartenhantierung überprüft?

Externer Speicherablauf

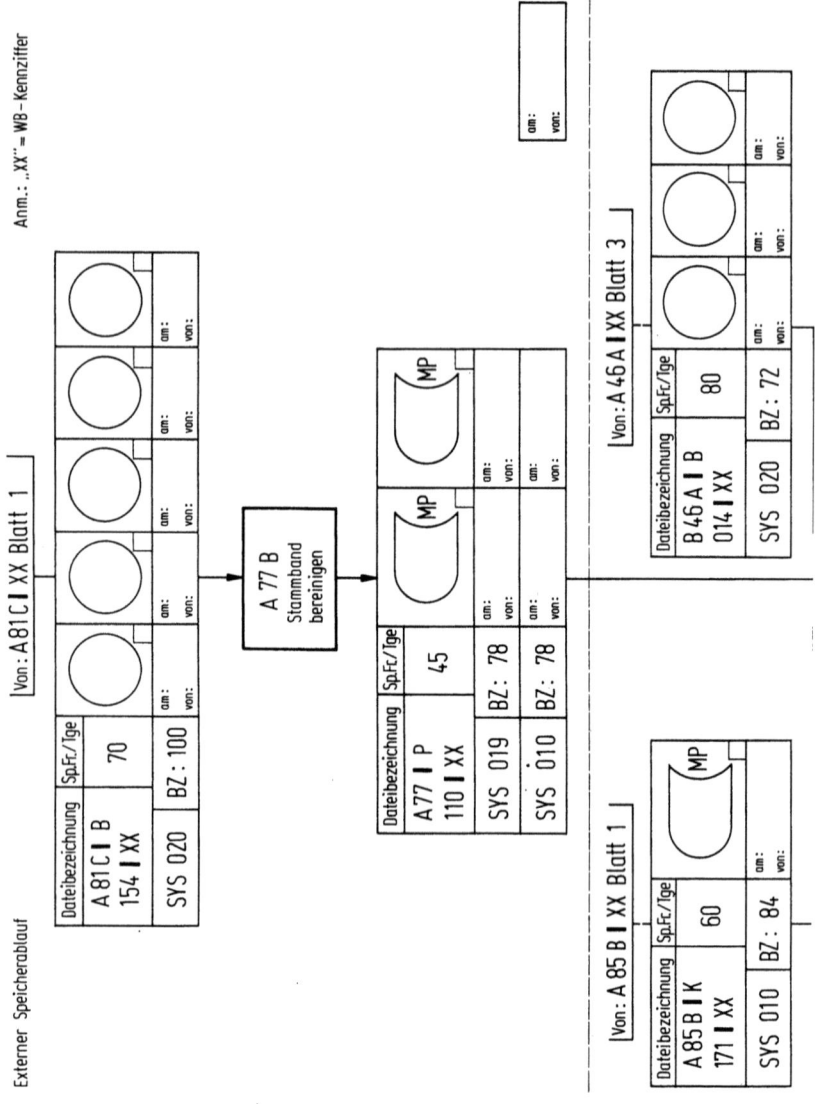

74

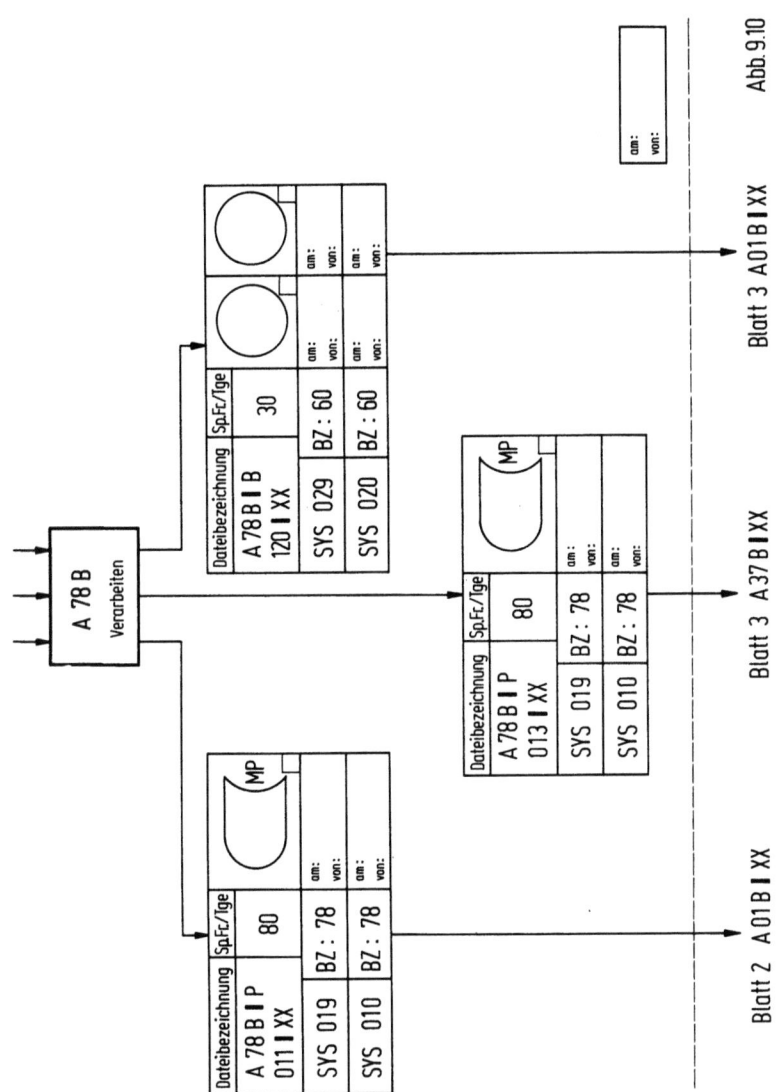

Abb. 9.10

Erläuterung der Abkürzungen:
Sp.Fr./Tge: Sperrfrist der Datenträger in Tagen
BZ: Blockanzahl
MP: Magnetplatte

Vorschub-streifen Nr.	\multicolumn{12}{c	}{Kanäle}	Formular-höhe
	1	2	3	4	5	6	7	8	9	10	11	12	
VS 12001	3										11	23	12 Zeilen
VS 24001	2											22	24 Zeilen
VS 24002	3	7										23	
VS 24003	2	5	10										
VS 24004	8											22	
VS 36001	4	13	34									33	36 Zeilen
VS 36002	3	33										35	
VS 48001	3	45	43									42	48 Zeilen
VS 48002	4	9										43	
VS 48003	3	45										36	
VS 48004	5	21	33									6	
VS 48005	1											47	
VS 48006	4	33	39	11								46	
VS 48007	6	37		11								46	
VS 48008	1		26									47	
VS 48009	4	9										46	
VS 72001	2											70	72 Zeilen
VS 72002	2	28										70	
VS 72003	5	12										69	
VS 72004	4											60	
VS 72005	1	70	10	18								71	
VS 72006	1	18										70	
VS 72007	3	8										70	
VS 72008	2											62	
VS 72009	3	9										67	
VS 72010	3	9										69	
VS 72011	5											71	
VS 72012	3	69										65	
VS 72013	3	21	69	2								66	
VS 72014	4	14		71								60	
VS 72015	39		44										
VS 72016		6			13							27	
VS 72017	36	6	29	31	13							27	
	72	42	65	67	49							63	
VS 72018	4	35	12									65	
VS 72019	38	40	43								30	32	
VS 72020	40										28	31	
VS 72021	20		11			23							
	56		47			59							
VS 72022	18											10	
	42											34	
	66											58	
VS 72023	3	5	8		13	23		9	29	30	65	67	
									33	34			
									37	38			
									46	47			
									50	51			

Abb. 9.11

10. Modifizierung von Programmen

Unter Modifizierung von Programmen versteht man die Möglichkeit, die Leistung oder die Bedingungen, unter denen ein Programm abläuft, durch Steuerungsangaben zu verändern. Folgende Gründe sind für eine Modifizierung denkbar:

- Änderung an der Logik der Verarbeitung.
- Änderung bei der Dateizahl.
- Benutzung von speziellen Maschineneigenschaften.
- Änderung von Konstanten.

Diese Änderungen sind fast immer kurzfristiger Natur; also müssen durch ein Programm mehrere Varianten beherrscht werden.

Die Modifizierung ist am ablauffähigen Programm durchzuführen. Das ist bei allen Standardprogrammen möglich, soll hier aber nicht näher betrachtet werden. Auch die Veränderung von Tabellen wird hier nicht behandelt, da es sich um Daten handelt, die nicht fest in ein Programm eingefügt sein dürfen.

Eine Modifizierung kann über Steuerkarten, über Bedienungsblattschreiber oder über die Eingabedaten durchgeführt werden. Es sind möglichst solche Methoden anzuwenden, in denen die Steuerinformationen schon in maschinenlesbarer Form vorgegeben werden können.

Da jede Modifikation als potentielle Fehlerquelle angesehen werden kann, sind besondere Sicherungsmaßnahmen vorzusehen:

- *Protokollierung der Modifizierung.* Eine Rekonstruktion im Fehlerfalle muß möglich sein.
- *Freigabe bzw. Vorgabe durch den Benutzer.* Die Verantwortung liegt bei sachlicher Modifizierung bei der Fachabteilung, bei programmtechnischer Modifizierung beim Rechenzentrum.
- *Überprüfung.* Eine sofortige Überprüfung während oder nach dem Ablauf ist unbedingt erforderlich.
- *Archivierung der Unterlagen.* Es muß nachweisbar sein, welche Modifizierungen in welchen Abläufen stattgefunden haben.

Die interne Revision muß den Einsatz der Modifikation freigeben. Eine weitere Sicherungsmöglichkeit besteht in der Normierung der Steuerinformationen (Kap. 9.4). Für die Eingabe vom Bedienungsblattschreiber sind folgende Normierungen zweckmäßig:

T = Programmabbruch   (Terminate)
I = Fehler ignorieren   (Ignore)

R = Wiederholung einer Routine (Retry)
M = Erläuterung zum Protokoll (Message)
N = Ablehnung (No)
Y = Zustimmung (Yes)
Werden andere Informationen benötigt, so sind sie z. B. per Steuerkarte einzugeben. Eingaben über den Bedienungsblattschreiber müssen durch das Programm angefordert werden.

Bei folgenden Aufgabenstellungen ist eine Modifikation angebracht:
- Wahlweiser Listendruck (Druck ist abschaltbar).
- Eingabebänder fakultativ.
- Einzel- und Gruppenbearbeitung.
- Druckeinstellung (Druck auf Formularpapier).
- Setzen von Fixpunkten (variable Zustände).
- Durchführung von Sonderarbeiten zu bestimmten Terminen (z. B. Jahreswechsel).
- Wahlweise Benutzung von Geräten.

11. Bedingungen des Multiprogramming

Nachfolgend soll gezeigt werden, welche Auswirkungen das Multiprogramming auf die Programmerstellung hat. Eine genaue Beschreibung des Multiprogramming ist nicht beabsichtigt. Die Multiprogrammingeigenschaften der verschiedenen Systeme sind den Herstellerbeschreibungen zu entnehmen.
Die neueren Anlagen sind mit Hard- und Software so ausgerüstet, daß sie mehrere Programme zeitlich verzahnt gleichzeitig abwickeln können. Voraussetzung dafür ist, daß die Hardwareanforderungen (Kernspeicher und Geräte) der verschiedenen Programme erfüllt werden können. Da die Anlagen meistens nur ein Rechen- und Steuerwerk besitzen, kann jeweils nur ein Programm bearbeitet werden, die anderen müssen warten. Ausgenommen davon sind die Ein-Ausgabe-Operationen, sie können teilweise simultan ablaufen.
Da in jedem Programm Wartezeiten durch die Ein-Ausgabe auftreten, müssen sich also diese durch das Multiprogramming bedingten Wartezeiten nicht störend auswirken. Das Multiprogramming ermöglicht also eine bessere Kapazitätsausnutzung einer DV-Anlage.

11.1. Kapazitäten einer DV-Anlage

Jede DV-Anlage besitzt:
- interne Verarbeitungskapazität (Rechen-, Steuerwerk),
- interne Speicherkapazität (Kernspeicher),
- externe Gerätekapazität (Drucker, Magnetband, Magnetplatte usw.),
- Kanalkapazität (Selektor-, Multiplexkanäle).

Eine DV-Anlage wäre dann voll ausgelastet, wenn alle Kapazitäten voll genutzt wären. Da aber DV-Anlagen nicht für eine Aufgabenstellung oder ein Programm dimensioniert werden, verschiedene Aufgaben aber unterschiedliche Maschinenkonfigurationen verlangen, kann also ein Programm die vorhandene Kapazität nur selten voll nutzen. Eine volle Nutzung läßt sich nur durch mehrere Programme erzielen, sofern bei Erstellung der Programme die Bedingungen des Multiprogrammingbetriebes berücksichtigt werden.

11.2. Benutzung des Kernspeichers

Ein Engpaß beim Multiprogramming ist besonders der Kernspeicher. Da die gesamten residenten Teile des Programms immer im Speicher stehen müssen, ist es daher wichtig, diese möglichst klein zu halten. (Bei Time-sharing-Anlagen wird dieser Engpaß z.T. durch paging-Technik umgangen.) Wie möglichst wenig Kernspeicher belegt wird, wird in Kap. 12.1 näher erläutert.

Wesentlich größere Effekte lassen sich aber durch geeignete Aufteilungen der Aufgaben in Programme erzielen, wobei bezüglich der Programmgrößen entsprechende Konventionen berücksichtigt werden müssen.

Eine weitere Beeinflussungsmöglichkeit besteht in der Wahl des Betriebssystems. Die Betriebssysteme belegen selbst unterschiedliche Bereiche des Kernspeichers, und auch die Programme können durch die vom System eingebundenen Module unterschiedlich groß ausfallen. Abb. 11.1 zeigt für das Siemens-System 4004/35-45 einige dieser Unterschiede.

Benutzung der Geräte

Bei den Geräten können sich ebenfalls Engpässe durch das Multiprogramming ergeben. Um die Abwicklung im Rechenzentrum zu vereinfachen, ist es — ebenso wie beim Kernspeicher — zweckmäßig, Konventionen zu erlassen. Diese Konventionen können allerdings

Betriebssystemkomponente	Betriebssystem Band/Band-Platte	Platte
System (resident)	16–20 KB	8–10 KB
Ein-Ausgabe-System		
ITLCOC01 Band (fix, ungeblockt)	3528	2232
" 2 Drucker/Karten	4544	2528
" 3 Drucker/Karten/Band	5032	3576
" 4 Drucker/Karten/Band Großspeicher (sequentiell)	7248	5400
" 5 ITLCOC01 + Großspeicher (direkt)	5584	3904
" 6 wie ITLCOC02 + Großspeicher (direkt)	6592	4448
" 7 wie ITLCOC03 + Großspeicher (direkt)	7408	5520
" 8 wie ITLCOC04 + Großspeicher (direkt)	9096	7624
9 Großspeicher (direkt)	3856	2264
Monitor	4 KB	–

Abb. 11.1

nicht verhindern, daß einmalig vorhandene Geräte von mehreren Programmen benutzt werden sollen. Gerade bei den Geräten, die nur einmalig oder in geringer Stückzahl an der DV-Anlage vorhanden sind, sollte die Möglichkeit zum Ausweichen auf andere Geräte gleich bei der Programmerstellung berücksichtigt werden. Im Normalfall handelt es sich dabei um Lochkartenein- und -ausgabe, Lochstreifenein- und -ausgabe, Drucker und Belegleser.

Folgende Maßnahmen sind zweckmäßig:

- Soweit möglich, Geräte nur kurzfristig belegen und wieder freigeben (z. B. Lesen von Lochkarten zu Programmbeginn).
- Möglichkeit für Ausweichgeräte vorsehen (z. B. statt Drucker Band benutzen).
- Ausgliederung aller Vorgänge, die diese Geräte benutzen, in eigene Programme (z. B. Lochkarte → Band, Band verarbeiten).
- Zusammenlegung von Dateien auf ein Gerät, später Trennung der Dateien. Damit läßt sich die Gerätezahl für ein Programm reduzieren.
- Verwendung von Magnetplattenspeicher für mehrere kleinere Dateien (Eingabe- und Ausgabedaten).

Es gibt also Möglichkeiten, bei der Benutzung von Geräten Einsparungen durchzuführen. Diese führen, wenn dadurch das Programm in eine billigere Programmklasse fällt, auch zur Senkung der Ablaufkosten. Auch bei der Ausgliederung von Engpaßgeräten lassen sich meistens durch die optimalere Nutzung dieser Geräte und durch die Beschleunigung der Verarbeitung Einsparungen bei den Ablaufkosten erzielen. An einem Beispiel soll dies demonstriert werden:

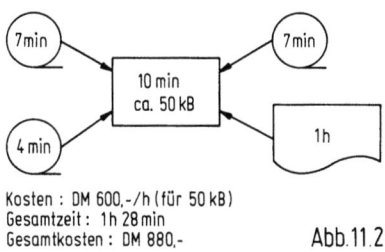

Abb.11.2

Abb. 11.2 zeigt ein Programm, dessen Ablaufzeit wesentlich von der Druckausgabe bestimmt wird (Zeiten und Kernspeicherbelegung sind jeweils angegeben). Bei einer Aufgliederung nach Abb. 11.3 ergeben sich etwas veränderte Zeiten und Kernspeicherbelegungen bei verminderten Kosten.

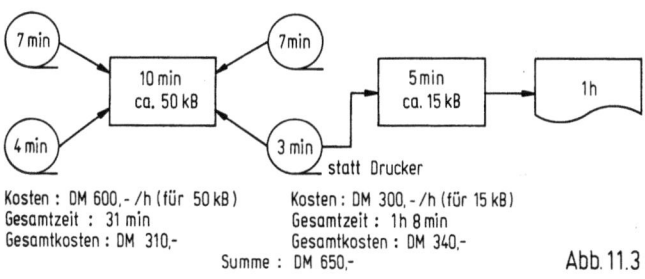

Abb. 11.3

Interne Verarbeitungskapazität

Bei kommerziellen Programmen wird die interne Verarbeitungskapazität der Anlage meistens relativ wenig genutzt. Man braucht also bezüglich der Verarbeitung keine besonderen Maßnahmen zu treffen, wenn es sich um normale Programme handelt. Zu berücksichtigen ist in Ausnahmefällen allerdings, daß bei hoher Datendurchsatzrate die interne Verarbeitungskapazität bis auf den Wert 0 sinken kann.

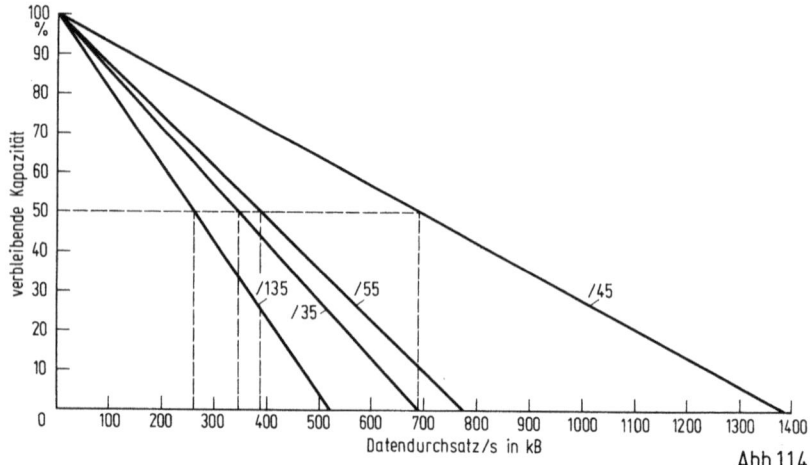

Abb. 11.4

Abb. 11.4 zeigt die Belastung der internen Kapazität durch den Datendurchsatz bei den Siemens-Anlagen 4004. Daraus ergibt sich, daß es durchaus zu Engpässen bei der internen Kapazität bei Ein-Ausgabe-intensiven Programmen kommen kann, falls die Ein-Ausgabe sehr umfangreich ist.

Kanalkapazität

Da alle Geräte über Kanäle an die DV-Anlage angeschlossen sind und die Anzahl der Kanäle begrenzt ist, können hier Engpässe auftreten. Zum Beispiel besitzt eine Siemens 4004/35-55 einen Multiplexkanal und Selektorkanäle. Am Multiplexkanal kann an jedem Anschluß ein Gerät arbeiten, gleichzeitig also maximal 9 Geräte, am Selektorkanal jeweils nur ein Gerät.
Alle Geräte mit hoher Übertragungsrate müssen an Selektorkanälen angeschlossen werden. Dazu gehören Magnetbänder, Magnetplatten, Magnettrommeln bzw. Magnetkartenspeicher. Je nach Anzahl der Geräte und der Programme im Multiprogrammingbetrieb kann es bei den Selektorkanälen zu Engpässen kommen, so daß die Ein-Ausgabe-Operationen nicht zügig abgewickelt werden können. Bei den Magnetbändern kann die Benutzung der Selektorkanäle durch das Programm mittels der Ein-Ausgabe-Bereiche gesteuert werden.
Wie durch die Blockgröße die Belegungszeit gesteuert werden kann, ist aus den Abb. 11.5 und 11.6 zu entnehmen. Die Belegungszeit des Kanals wird je Byte um so geringer, je größer die Blöcke sind. Die Blockgröße sollte zwischen 300 und 2000 Bytes liegen (Optimum bei etwa 1000 Bytes).

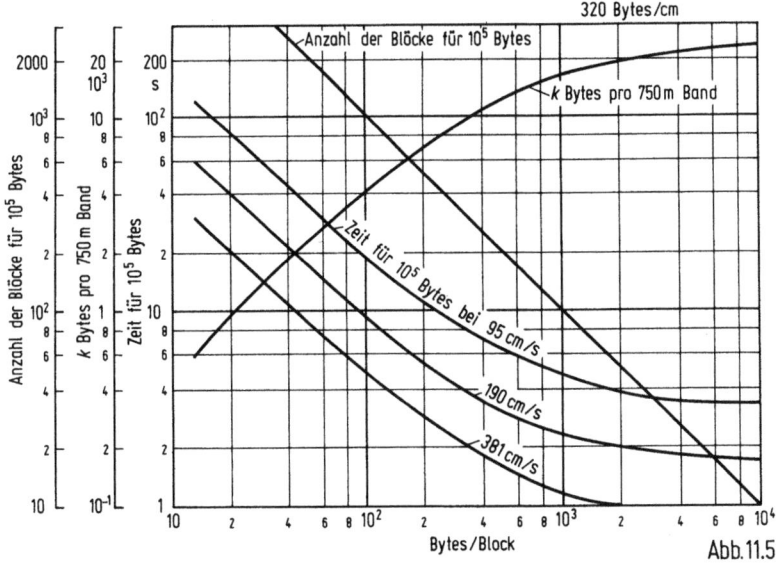

Abb. 11.5

Blockgröße	Zeit für 10^5 Bytes (190 cm/s)
43 B	20 s
90 B	10 s
150 B	7 s
300 B	4 s
1000 B	2,4 s
2000 B	2 s

Abb. 11.6

11.3. Programmketten

Durch die Aufgliederung von Aufgaben in kleinere Programme können erhebliche Hantierungszeiten entstehen. Um diese Zeiten zu minimieren, bietet es sich an, die in den Betriebssystemen vorgegebene Möglichkeit der Programmkettung zu benutzen. Dabei sind folgende Punkte zu beachten:

• Betriebssystem mit statischer Kernspeicherzuordnung. Alle in einer Kette angeordneten Programme sollten möglichst dem gleichen Programmtyp angehören, da der größte Programmtyp für die ganze Kette bestimmend ist.
• Systeme mit dynamischer Zuweisung. Hier kann die Kernspeicherzuweisung verändert werden. Auch sind nicht zusammenhängende Bereiche zugelassen, so daß auch verschiedene große Programme gekettet werden können. Allerdings muß zum Ablaufzeitpunkt

der zusätzliche Kernspeicherbereich zur Verfügung stehen. Da dies beim Ablauf kaum zu steuern ist, ist auch hier die einheitliche Programmgröße zu empfehlen. Kann die Kette durch kleinere Programme mit kurzer Ablaufzeit verlängert werden, so wäre dagegen nichts einzuwenden.

11.4. Konventionen für das Multiprogramming

Um den Multiprogrammingbetrieb sinnvoll zu ermöglichen, ist es zweckmäßig, Konventionen einzuführen. Sie sollen den Spielraum nach oben hin einschränken und könnten Grundlage für die Berechnung der Ablaufkosten sein.

Da diese Einteilung in Programmtypen auf die Anlagenausstattung ausgerichtet sein muß, kann hier nur ein Beispiel für die Konventionen gegeben werden, die auf der angegebenen Anlageausstattung basiert und für den Einsatz des Platte-Betriebssystems gedacht ist (Abb. 11.7).

Programmtyp	29	60	92	Auslagen-ausstattung
Kernspeicher	28.672	59.392	92.160	131.072
Magnetbänder	2	6	10	12
Magnetplatten	2	2	4	6
Drucker	1	1*	1*	2
Lochkarteneingabe	1	1*	1*	2
Lochkartenausgabe	1	-	-	1
Lochstreifeneingabe	1	-	-	1
Lochstreifenausgabe	1	-	-	1
Max. Geräte	5	10	16	25
Ablaufkombination**	xxxx xx x	x xx	x	
Programme	Umsetzer kleine Verarbeitung DÜ	Übersetzer Sort Verarbeitung	Großprogramm (genehmigungspflichtig)	
Ablaufkosten/h (Relation)	1	2,2	3,8	

Anmerkungen
*Nur für kleine Datenmengen
**Welche Programme in welcher Zahl miteinander ablaufen können
Der Kernspeicher- und Datenträgerbedarf für das Betriebssystem brauchen in den Programmen nicht berücksichtigt zu werden.

Abb. 11.7

Für kleinere DV-Anlagen wird das Multiprogramming nur in Ausnahmefällen möglich sein. Bei größeren Anlagen kann diese Konvention u. U. entfallen, wenn durch eine entsprechende Disposition die Auslastung der DV-Anlage gewährleistet wird und die Kostenverrechnung durch Erfassung der benutzten Zeiten und Kapazitäten erfolgt.

12. Optimierung des Kernspeicher- und Zeitbedarfs

Die durch ein Programm verursachten Kosten werden durch den Zeitbedarf und die benutzte Hardware bestimmt. Da zwischen diesen beiden Faktoren eine Abhängigkeit besteht, kann die Optimierung nur im Zusammenhang betrachtet werden.

12.1. Optimierung des Kernspeicherbedarfs

Ziel der Optimierung ist es, mit geringer Kernspeicherbelegung ein schnelles Programm zu erstellen. Im allgemeinen wird allerdings eine Kernspeicherersparnis eine gewisse Zeitverzögerung mit sich bringen. Die Kernspeicherbelegung eines Programmes zeigt Abb. 12.1.

Ein-Ausgabe Bereiche	Konstanten Hilfszellen Arbeitsbereiche	Befehlsbereiche

Abb. 12.1

Größe der Ein-Ausgabe-Bereiche

Die Ein-Ausgabe-Bereiche werden von mehreren Faktoren bestimmt:

Wahl der Blocklänge. Die Wahl der Blocklänge bei magnetischen Datenträgern muß unter Berücksichtigung folgender Gesichtspunkte erfolgen:

- Kernspeicherbedarf. Entsprechend der Blocklänge muß im Kernspeicher ein Ein-Ausgabe-Bereich reserviert werden.

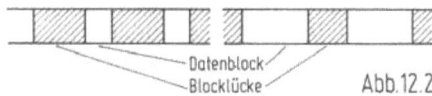
Abb. 12.2

- Ausnutzung der externen Speicherkapazität. Da auf magnetischen Datenträgern zwischen Datenblöcken Blocklücken stehen, vermindert sich der Ausnutzungsgrad bei kleinen Blocklängen, denn es sind sehr viele Blocklücken erforderlich (Abb. 12.2).
- Lese-Schreibgeschwindigkeit. Ähnlich dem Ausnutzungsgrad sinkt mit kleinen Blocklängen die effektiv erreichbare Lese-

Schreibgeschwindigkeit, da sehr viele Blocklücken geschrieben oder überlesen werden müssen. Die erzielbare Übertragungsleistung ist in Abb. 11.5 dargestellt.

- Kompatibilität. Zu berücksichtigen ist ebenfalls, daß der gleiche Datenbestand auch von anderen Programmen bearbeitet wird, z. B. Software-Programme, die eventuell an die Blocklänge gewisse Bedingungen knüpfen.

Doppelte Ein-Ausgabe-Bereiche. Werden für eine Datei zwei Ein-Ausgabe-Bereiche reserviert, so kann eine überlappte Bearbeitung von Ein-Ausgabe mit interner Verarbeitung stattfinden. Während ein Block intern verarbeitet wird, kann gleichzeitig der nächste in den zweiten Ein-Ausgabe-Bereich eingelesen werden. Bei kleinen Blocklängen ist diese Methode problemlos, bei größeren Blöcken ist dafür ein erheblicher Kernspeicherplatz zu reservieren.

Gemeinsame Ein-Ausgabe-Bereiche für mehrere Dateien. Sofern Dateien durch ein Programm nicht gleichzeitig bearbeitet werden, ist durch die Benutzung des gleichen Ein-Ausgabe-Bereiches für mehrere Dateien eine erhebliche Kernspeicherersparnis zu erzielen. Zeitliche Verluste treten dadurch nicht auf.

Satzbereich. Die Benutzung eigener Satzbereiche, in denen jeweils ein Satz aus dem Ein-Ausgabe-Bereich übertragen und bearbeitet wird, bringt kaum Vorteile (u. U. kleine Programmiererleichterungen), aber einen zusätzlichen Kernspeicherbedarf.

Konstanten, Hilfs- und Arbeitsbereiche

Für die vom Programm benötigten Konstanten, Hilfs- und Arbeitsbereiche müssen folgende Überlegungen angestellt werden:

- Benutzung gleicher Speicherbereiche für mehrere Zwecke.
- Günstigste Definition der Bereiche (z. B. gepackte oder duale Darstellung).
- Beachtung der Ausrichtung von Bereichen. Bei erforderlicher Ausrichtung auf Halbwort- oder Wortgrenzen sind möglichst alle Halbworte und Worte hintereinander zu definieren, um Füllbytes zu sparen.
- Verwendung von Sekundärspeichern. Durch Auslagerung von relativ selten benötigten Informationen (z. B. Tabellen, Zwischenergebnisse, Fehlerprotokolle) auf Magnetplatte kann sehr viel Kernspeicherplatz gespart werden, da für alle diese Informationen im Kernspeicher ein gemeinsamer Bereich benutzt wird. Die ausgelagerten Informationen werden erst bei Bedarf in den Kernspeicher geholt.

Befehlsbereich

Durch Beachtung der folgenden Empfehlungen lassen sich Kernspeicher-Einsparungen erzielen:
- Klare straffe Ablauflogik vermeidet überflüssige Befehle.
- Durch Unterprogramm- oder Schleifentechnik belegen Befehlsfolgen, die mehrmals im Programm benötigt werden, nur einmal Kernspeicherplatz.
- Vermeidung von speicheraufwendigen Befehlen (z.B. einige COBOL-Anweisungen, für die gleich umfangreiche Befehlsfolgen eingesetzt werden).

Neben diesen allgemeinen Empfehlungen gibt es noch eine spezielle Technik zur Einsparung von Kernspeicherplatz.

Overlay-Technik. Die wohl eleganteste Methode, Kernspeicherplatz einzusparen, ist die Overlay-Technik. Das Prinzip beruht auf einer Programmsegmentierung, wobei nur jeweils die aktiven Segmente im Kernspeicher stehen. Die anderen Programmsegmente werden erst bei Bedarf in den Kernspeicher geladen. Dadurch benutzen mehrere Programmteile gleiche Kernspeicherbereiche. Natürlich muß sichergestellt sein, daß sich gleichzeitig benötigte Programmteile nicht gegenseitig überlagern. Als Overlay-Segmente eignen sich Programmteile, die einmalig oder nur selten oder nur in Sonderfällen benötigt werden, z.B.:

- Eröffnungsroutinen,
- Enderoutinen,
- Fehlerroutinen,
- Sonderprogrammteile,
- Nachfolgeprogrammteile.

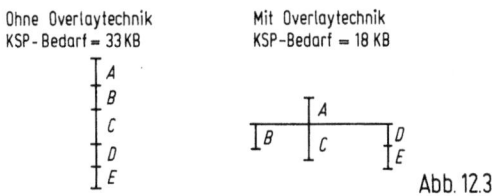

Abb. 12.3

Beispiel: Ein Programm bestehe aus den Segmenten A = 10 KB, B = 7 KB, C = 8 KB, D = 4 KB, E = 4 KB. Die Ablauflogik schreibe vor, daß A immer benötigt wird; die Segmente B, C sowie D und E zusammen dagegen nur einmal als Nachfolgeprogrammteil geladen werden. Abb. 12.3 zeigt den unterschiedlichen Kernspeicherbedarf mit und ohne Overlay-Technik.

Kernspeicheroptimierung bei COBOL-Programmen

Durch eine genauere Untersuchung der Auflösung von COBOL-Anweisungen sind folgende Optimierungsmöglichkeiten z. B. für den Compiler der Siemens-Anlage 4004 ermittelt worden:

- Einfache Schalter möglichst mit PICTURE x definieren.
- Bei Vergleichen mit binären Feldern wird ab 10 Stellen (PICTURE S9 (10) COMPUTATIONAL) in ein Unterprogramm verzweigt.
- Vergleiche mit Dezimalwerten erfordern mindestens 22 Bytes mehr, deshalb so weit als möglich nur ganzzahlige Werte definieren.
- Vergleiche von nicht numerischen Feldern ungleicher Länge laufen auf zwei Vergleiche hinaus.
- Soweit als möglich Mehrfachbedingungen benutzen. Das ist günstiger als mehrere entsprechend aufeinanderfolgende Einfachbedingungen. Das Programm wird dadurch allerdings unübersichtlicher.
- Numerische Felder soweit als möglich mit COMPUTATIONAL-3 und „S" definieren und ungerader Anzahl von „9" (beim Druck ist Druckaufbereitung notwendig).
- Die ON SIZE ERROR-Angabe erfordert mindestens 28 Bytes mehr.
- Die ROUNDED-Angabe erfordert regelmäßig 12 Bytes.
- Die Verwendung von PERFORM zum wiederholten Durchlaufen von Programmschleifen ist nicht wesentlich speicheraufwendiger als eine selbstprogrammierte Lösung.
- Die Zähler bei TIMES bzw. VARYING in der PERFORM-Anweisung möglichst mit PICTURE S9 (2n+1) COMPUTATIONAL-3 definieren. Die binäre Definition ist speicheraufwendiger.
- Jede EXAMINE-Anweisung erfordert 14 Bytes.
- Für jede TRANSFORM-Anweisung wird ein 256-Bytes-Feld mit dem sedezimalen Inhalt 00–FF aufgebaut. Auch figurative Konstanten werden 256 Zeichen lang gespeichert. Die TRANSFORM-Anweisung erfordert bei Literalen bzw. figurativen Konstanten als Operanden 6 Bytes, bei Datennamen als Operanden 18 Bytes.
- Mehrere READ- bzw. WRITE-Anweisungen für eine Datei möglichst in einem Unterprogramm geben.
- Schutzstern ist speicheraufwendiger als Nullenunterdrückung mit „Z".
- Sendefelder möglichst mit S9(2n+1) und COMPUTATIONAL-3 definieren (beim Druck ist Druckaufbereitung erforderlich).

- Einführungszeichen „B" zur Trennung der einzelnen Druckaufbereitungsmasken günstiger als Definition von Leerfeldern.
- Gleitende Vorzeichen erfordern ca. 20 Bytes mehr.

12.2. Optimierung des Zeitbedarfs

Die zeitliche Optimierung eines Programmes darf nicht um jeden Preis durchgeführt werden. Die in Kap. 6 aufgezählten Maximen müssen beachtet werden. Da sich eine zeitliche Beschleunigung oft nur unter Vergrößerung des Kernspeicherbedarfs erreichen läßt, kann die Zeitoptimierung nicht allein betrachtet werden, sondern nur im Zusammenhang mit der Kernspeicheroptimierung.

Interne Zeiten

Bei kommerziellen Programmen sind die internen Vorarbeitungszeiten meist uninteressant, da sie nicht besonders groß sind. Ausnahmen sind Programme, in denen Tabellensucharbeiten auftreten. Hierbei bieten sich dann bisektionelle Suchmethoden als günstige Lösungsmöglichkeiten an.

Interne Wartezeiten lassen sich vermeiden, wenn mit zwei Ein-Ausgabe-Bereichen gearbeitet wird und ein größerer Kernspeicherbedarf akzeptiert werden kann. Unnötiger Datentransfer im Kernspeicher kann interne Zeit kosten, die nicht notwendig ist.

Externe Zeiten

Da die überwiegende Programmlaufzeit aus externen Zeiten besteht, lassen sich hier am ehesten Einsparungen erzielen.

Bei den Ein-Ausgabe-Zeiten sind Reduzierungen möglich durch:
- optimale Blocklängen,
- Benutzung schneller Geräte,
- zwei Ein-Ausgabe-Bereiche.

Bei den Rüst- und Hantierungszeiten wird gefordert:
- wenig Rüstvorgänge,
- Wechseleinheiten,
- Programmketten oder Jobablauf,
- wenig Operatoreingriffe,
- keine Unterbrechungen des Programmablaufs, die einen Eingriff durch den Operator erfordern.

Jede Unterbrechung des Programmes aus welchen Gründen auch immer kostet erhebliche Zeit.

13. Testmethoden

In bestimmten Phasen der Verfahrens- und Programmentwicklung wird geprüft, ob die bisherige Entwicklung fehlerfrei und vollständig ist. Diese Prüfung wird hier kurz Test genannt. Sie kann in Form eines Schreibtischtestes oder in Form eines Maschinentestes (als Ferntest oder Programmierertest) durchgeführt werden.

13.1. Schreibtischtest

Der Test wird ohne DV-Anlage ausgeführt, alle Vorgänge werden personell simuliert. Er ist immer dann sinnvoll, wenn andere Testmöglichkeiten nicht anwendbar sind. Nachfolgend ist aufgeführt, wann Schreibtischtests durchgeführt werden sollen:
- Nach der Erstellung des Datenflußplanes.
- Nach der Erstellung des Programmablaufplanes.
- Nach der Codierung der Aufgabe.
- Nach der 1. Umwandlung (Protokoll mit formalen Fehlern).
- Nach jeder Änderung der Codierung.

Was soll getestet werden?
- Programmlogik (z.B. Weichensetzung usw.).
- Verarbeitungs- und Rechenregeln.
- Die Vollständigkeit von Daten und Programm.
- Die Zusammensetzung von Ergebnissen (z.B. Listen, Tabellen, Dateien).
- Die Erkennung von Fehlern in den Daten.
- Die formale Richtigkeit des Programmes.
- Die Effektivität des Programmes.
- Die Verknüpfungspunkte zwischen Teilen des Programmes.
- Die Ausgangswerte von Rechenoperationen.

Wie soll getestet werden?
- Der Test ist mindestens zu zweit durchzuführen.
- Die Testdatenmenge muß gering sein und sollte jeden Zweig einmal ansprechen.
- Zwischenergebnisse müssen schriftlich fixiert werden.
- Schleifenvorgänge sind einmalig exakt durchzugehen.
- Erkannte Fehler werden berichtigt. Bei Logik-Fehlern ist es zweckmäßig, neu anzufangen oder den entsprechenden Abschnitt erneut zu testen. Bei formellen Fehlern ist Weiterarbeit möglich.

Welche Vorteile bietet der Schreibtischtest?
- Reduzierung der Testläufe in der DV-Anlage.
- Bessere Kenntnis des Programmes, da das in längerer Zeit erstellte Programm komplett wiederholt wird.
- Ausschaltung von Trivialfehlern.
- Nach der gleichen Methode können auch beim Maschinentest Fehler gefunden werden.

Der zeitliche Aufwand beim Schreibtischtest kann sehr hoch werden, wenn die Datenmenge nicht sinnvoll begrenzt wird. Der Zeitaufwand ist abhängig von der Programmiersprache und der Programmgröße, sollte aber im Normalfall nicht länger als 1 bis 2 Tage dauern, da sonst der Überblick verlorengeht.

Für die Durchführung des Tests verwendet man, soweit möglich, Formulare (z. B. für die Darstellung der Ein-Ausgabe-Informationen die standardisierten Formulare für Satzaufbauten). Für die Feldeinteilung könnten Schablonen benutzt werden. Für die Aufzeichnung von Hilfsfeldern usw. werden spezielle Einteilungen gezeichnet. Zur Protokollierung der Befehle werden die normalen Codierformulare benutzt.

Zeitpunkt / Schwerpunkt	Datenfluß-plan	Programm-ablaufplan	Codierung	1.Umwandlung	Test
Verarbeitungs- und Rechenregeln		X	X		X
Programmlogik		X			X
Formale Richtigkeit			X	X	X
Verknüpfung von Programmteilen		X	X		X
Vollständigkeit von Daten und Programm	X	X			X
Fehlererkennung in Daten		X			X
Zusammensetzung von Ergebnissen	X	X			X
Effektivität des Programmes				X	X
Anfangswerte				X	X

Abb. 13.1

Wann ein Schreibtischtest mit welchen Schwerpunkten durchzuführen ist, wird in Abb. 13.1 näher erläutert. Abb. 13.2 zeigt die prinzipiell zu empfehlende Vorgehensweise für den Einsatz des Schreibtischtestes.

Zusammenfassend kann gesagt werden, daß jede personelle Arbeit bei der Programmerstellung durch einen Schreibtischtest überprüft werden sollte.

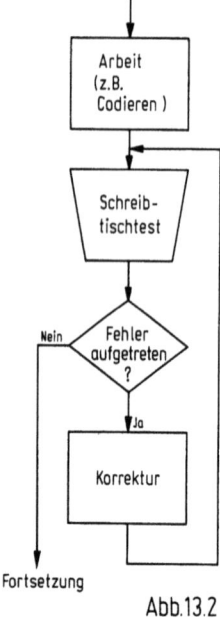

Abb. 13.2

13.2. Maschinentest

Der Maschinentest wird mittels DV-Anlage durchgeführt. Das ist erst dann möglich, wenn folgende Voraussetzungen erfüllt sind:
- Ein ablauffähiges Programm muß vorliegen (Codierung abgeschlossen, Programmkarten abgelocht, Programm umgewandelt, Formalfehler beseitigt).
- Testdaten müssen vorhanden sein (Testdaten festlegen, Ablochen, auf den für den Test erforderlichen Datenträger übertragen).
- Die Testanweisung muß erstellt sein.

Daneben sollte vorausgesetzt werden, daß der Schreibtischtest durchgeführt ist und die erwarteten Testergebnisse fixiert sind.

Der Maschinentest kann in zwei Varianten durchgeführt werden:

Programmierertest

Besondere Merkmale dieser Methode sind:
- Der Programmierer ist im Rechenzentrum anwesend.

- Er beobachtet den Ablauf des Programmes und aller erforderlichen Maßnahmen.
- Er kann laufend die Ergebnisse überwachen.
- Er besitzt die Möglichkeit, korrigierend einzugreifen (z.B. Abbruch oder Wiederanlauf veranlassen).
- Er kann Mängel erkennen und sie später beseitigen (z.B. ungünstige Hantierungskombinationen, zeitliche Mängel usw.).
- Er kann die Testergebnisse den Erfordernissen besser anpassen (z.B. Kernspeicherauszüge, Bandausdrucke usw.).

Von einem Programmiertest sind *nicht* zu erwarten:
- Kurzfristige Eingriffsmöglichkeit in das Programm.
- Hantierung durch den Programmierer.
- Kürzere Testzeiten oder mehrere Teste hintereinander.

Bei folgenden Situationen kann ein Programmierertest sinnvoll sein:
- Einmalig je Programm. Er dient der Beobachtung von Bedienung und Zeitverhalten des Programmes oder der Geräte. Grund dafür wäre die Ermittlung der Optimierungsmöglichkeiten.
- Bei dem Verfahrenstest. Hier sollen Unstimmigkeiten sofort geklärt werden können.
- Bei den Parallelläufen. Da es sich um einen fast produktiven Betrieb handelt, benötigt der Operator noch die Beratung durch den Programmierer, falls die Hantierungsvorschriften nicht ausreichend sind (vollständig, eindeutig usw.).
- Bei schwierigen Fehlern. Dies sind z.B. solche, die nur durch Beobachtung identifiziert werden können (z.B. Hantierungsreihenfolge, Papiervorschub am Drucker usw.).

Ferntest

Der Ferntest ist dadurch gekennzeichnet, daß er unabhängig vom Programmierer im Rechenzentrum abgewickelt wird. Er bringt damit sowohl dem Rechenzentrum als auch dem Programmierer erhebliche Vorteile. Besondere Merkmale sind dabei:

- Der Programmierer ist bei der Durchführung des Testes nicht anwesend.
- Alle Vorgänge an der Maschine müssen in der Testanweisung beschrieben werden, daher ist eine gute Vorbereitung unbedingt erforderlich.
- Weniger Zeitverlust für den Programmierer durch Warten auf Testzeit.
- Der Test läßt sich schneller abwickeln, die Rechenzentrumsorganisation wird vereinfacht.

- Alle zur Fehlersuche erforderlichen Informationen werden als Listen und, falls erforderlich, mit Bemerkungen des Operators versehen, an den Programmierer übergeben.
- Es müssen immer sehr viele Informationen für die Testauswertung gefordert werden, die in vielen Fällen nicht erforderlich wären.

Anwendung findet der Ferntest bei Sprachumwandlungen (der Programmierer ist überflüssig) und sonstigen Tests, die zur Fehlerbeseitigung durchgeführt und als Normalfall im Ferntest abgewickelt werden.

13.3. Kombination von Schreibtisch- und Maschinentest

Nachdem das zu testende Programm einen gewissen Reifegrad erreicht hat (keine Formalfehler mehr), wird sich ein Zusammenspiel zwischen Schreibtisch- und Maschinentest ergeben, wie es in Abb. 13.3 gezeigt wird. Da zwischen der Durchführung von zwei

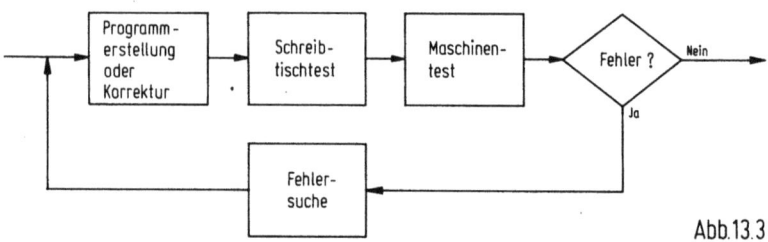

Abb. 13.3

Maschinentests immer eine gewisse Zeitspanne liegt (z. B. ein Tag), ist für den obigen Zyklus dieser Tag so aufzuteilen, daß die von der Fehlersuche und Korrektur nicht benötigte Zeit für den Schreibtischtest benutzt wird. Ein sehr ausführlicher Schreibtischtest kann zwar Maschinenzeit einsparen, die Fertigstellung des Programmes wird sich allerdings zeitlich verzögern.

13.4. Testanweisung

Für jeden Test muß eine Testanweisung vorliegen, in der alle erforderlichen Angaben über die Testabwicklung gemacht werden müssen. Dies ist auch für den Programmierertest erforderlich, da die Hantierungen durch den Operator ausgeführt werden. Die Testanweisung hat auch den Zweck, den Testablauf genau festzulegen. Der Test muß also gut vorbereitet und durchdacht sein.

Um den Betrieb im Rechenzentrum zu erleichtern, wird ein Formular benutzt, auf welchem alle Informationen vom Programmierer an den Operator und auch umgekehrt mitgeteilt werden. Das in Abb. 13.4 gezeigte Beispiel für ein Testanweisungsformular ist so aufgebaut, daß es mehrfach benutzt werden kann, da für eine bestimmte Testphase meistens mehrere Tests erforderlich sind. Damit wird für den Programmierer Schreibarbeit gespart. Folgende Angaben sind auf einer Testanweisung zu machen:

- *Rüsten der Anlage.* Welche Geräte mit welchen Datenträgern werden für den Test benutzt.
- *Reihenfolge von Tests.* Falls mehrere Tests oder Testketten durchgeführt werden, muß eine eindeutige Reihenfolge festgelegt sein.
- *Speicherbedarf und Ladeaufruf.* Welcher Kernspeicherbedarf ist für den Test erforderlich; wie wird das Programm geladen; sind Ablaufparameter erforderlich. Parameter müssen mitgeliefert werden.
- *Verhalten bei Halts oder Fehlern.* Hier sind die Maßnahmen für Fälle zu beschreiben, die eine Unterbrechung des Ablaufs verursachen (z.B. Antworten, die zu geben sind).
- *Testergebnisse.* Es sind alle für die Testauswertung erforderlichen Ausdrucke anzugeben (z.B. Kernspeicherauszug).
- *Besonderheiten.* Soll der Operator das Verhalten eines Programmes oder andere Beobachtungen mitteilen, so ist das speziell zu fordern. In den meisten Fällen wird der Operator allerdings damit überfordert sein. Dann ist ein Programmiertest angebracht.

Testanweisung für DVA 4004/35/45/55

An

Von   **Tel.**
Bearb.

Verfahrens-/
Programm-Name
Angaben zur Verrechnung

| Test-Nr. | Datum | Testfreigabe | E | F | Auszuführende Arbeiten | | | Primärpr. | Bibliotheken | | | Betriebs-system | Laufzeit in Min. | Bearbeitungsvermerke | | Erledigung | |
					Übersetzen	Binden	Testen		Makro	Modul	Phasen			Eing.-Datum	Datum		Bearbeiter
1																	
2																	
3																	
4																	
5																	

Bemerkungen des Programmierers

Test-Nr.	
1	
2	
3	
4	
5	

Bemerkungen des Operators

Test-Nr.	
1	
2	
3	
4	
5	

E: Eigentest   F: Ferntest

Programmname													
Kernspeicherbedarf und Zusatzangaben für Ladeaufruf		mit Monitor											
		ohne Monitor											
Gerätetyp	SYSnnn / Kriterium	Sperrfrist	Archivar	E/A									

Legende:
BS = Bedienungsblattschreiber
BL = Belegleser
DR = Drucker
GP = Großplattenspeicher
LKA = Lochkartenausgabe
LKE = Lochkarteneingabe
LSA = Lochstreifenausgabe
LSE = Lochstreifeneingabe
MB/9 = Magnetband 9-Spur
MB/7 (wc) = Magnetband 7-Spur
MK = Magnetkarte
MP = Magnetplatte

Abb. 13.4

14. Teststrategie

Eine der Hauptaufgaben für die Programmierung ist der Test der erstellten Programme. Jedes komplexere Programm oder Verfahren läßt sich nicht sofort fehlerfrei programmieren. Wie man zweckmäßigerweise testet, welche Fehler möglich sind und wie diese Fehler gefunden werden können, soll nachfolgend näher untersucht werden. Da aber gerade der Test sehr stark von der verwendeten Maschine und dem Betriebssystem abhängt, können z. B. keine direkten Hinweise für die Fehlersuche im Kernspeicher gegeben werden. Diese Informationen sind aus der Herstellerliteratur zu entnehmen.

14.1. Testplan

Der Test eines Verfahrens ist ein zeit- und kostenaufwendiger Arbeitsschritt der Programmierung. Vor Beginn des Tests ist deshalb ein detaillierter Testplan zu erstellen, der folgende Aussagen macht:

- Welche Programme sind zu testen?
- Wie werden die Programme zum Test untergliedert?
- Welche Testdaten sind für welche Testphase erforderlich?
- Welche Zeiten und welche Termine sind für welchen Testabschnitt vorgesehen?
- Wann findet der Verfahrenstest statt?
- Welche Stelle liefert wann welche Testdaten?
- Wer wertet die Ergebnisse aus?
- Wann beginnt der Parallellauf?
- Wann beginnt der produktive Einsatz?
- In welcher Reihenfolge sind die Tests auszuführen?
- Welche Maschinenzeiten müssen wann zur Verfügung stehen?
- Zu welchem Zeitpunkt müssen welche Hilfsmittel zur Verfügung stehen (Vordrucke usw.)?
- Welche Maschinenkonfiguration muß wann zur Verfügung stehen?
- Auf welchen Maschinen ist ein Probelauf durchzuführen?
- Wer muß bei welchen Tests anwesend sein, um den Ablauf zu überwachen?
- Welche Unterlagen sind wann zu erstellen und zu archivieren?

Eine Überwachung dieser Planung sichert eine termingerechte Fertigstellung eines Verfahrens.

14.2. Testabschnitte

Ein Programm bzw. Verfahren wird nicht sofort komplett, sondern in Abschnitten getestet. Zu den einzelnen Abschnitten ist auch eine entsprechende Zusammensetzung der Testdaten erforderlich. Folgende Abschnitte sind zu unterscheiden:

Teilprogramme, Module, Unterprogramme usw.

Dies ist der kleinste zu testende Abschnitt. Im Normalfall ist ein solcher Programmteil nur durch zusätzliche Routinen (Testrahmen) ablauffähig. Folgende Überprüfungen werden dabei vorgenommen:
- Formale Fehler.
- Detaillogik (Rechenformeln, Abfragen usw.).
- Daten-Ein-Ausgabe-Form (Listenbilder usw.).
- Extremwerte (obere und untere Grenzen werden richtig bearbeitet).
- Überprüfung aller Zweige.

Dieser Testabschnitt muß nicht immer vorhanden sein. Bei bestimmten Voraussetzungen kann er mit dem folgenden Abschnitt „Programm" zusammengefaßt werden.
Vorteilhaft ist bei Benutzung dieses Testabschnittes, daß ein Programm parallel in mehreren Abschnitten getestet werden kann, die Übersetzungszeiten niedriger sein können und die Programmierung von mehreren Programmierern durchgeführt werden kann. Ferner können verschiedene Sprachen zur Erstellung benutzt worden sein. Nachteilig ist, daß durch die Benutzung von Testrahmen zusätzliche Störungsquellen hinzukommen und die Ergebnisse z.T. in Sonderdrucken zur Testauswertung ausgegeben werden müssen.

Programm

Dies ist ein selbständiger ablauffähiger Teil eines Verfahrens, der als Voraussetzung nur benutzbare Testdaten benötigt. Folgende Überprüfungen werden vorgenommen:
- Ist die Globallogik richtig?
- Ist die Zusammenarbeit zwischen den Programmteilen richtig?
- Arbeitet das Programm auch bei unterschiedlichsten Kombinationen?
- Sind die Sicherungsanforderungen alle erfüllt?
- Ist die Bedienung zweckmäßig?
- Wie werden Fehler behandelt?
- Ist die Kernspeicherbelegung akzeptabel?
- Ist die Ablaufzeit akzeptabel?

- Funktioniert die Overlay-Technik?

Dieser Testabschnitt nimmt die meiste Zeit in Anspruch.

Verfahren

Normalerweise wird ein Verfahren, zusammengesetzt aus mehreren Programmen, getestet. Betroffen sind in diesem Zusammenhang folgende Punkte:

- Überprüfung der Informationsweitergabe.
- Durchprüfung aller Fälle, die normalerweise vorkommen.
- Überprüfung der Hantierungsvorschriften und sonstigen Abwicklungsunterlagen durch die Programmierung.
- Überprüfung von Sicherheitsmaßnahmen.
- Überprüfung der Ergebnisse, teilweise durch die Fachabteilung.
- Überprüfung von Arbeitsketten.

Die Konsequenz aus diesem Test, der so lange wiederholt werden muß, bis er im wesentlichen einwandfrei abläuft, ist die Freigabe für den nächsten Abschnitt „Parallellauf". Sie wird durch die Fachabteilung vorgenommen.

Parallellauf

Der Parallellauf ist auch als Probelauf oder Generalprobe bekannt. Er ist besonders für kommerzielle Aufgaben typisch, ein Verfahren wird hierbei im praktischen Betrieb mit echten Daten erprobt. Das ist erforderlich, wenn:

- ein neues Verfahren eingeführt wird,
- gravierende Veränderungen durchgeführt werden,
- ein Wechsel des DV-Anlagentyps eintritt.

Der Parallellauf hat folgende Aufgaben zu erfüllen:

- Einarbeitung der DV-Anlagen-Bedienungsmannschaft.
- Einarbeitung der Benutzer.
- Benutzung und Überprüfung der Ergebnisse bei der normalen Arbeit unter Berücksichtigung der weiterhin konventionell erstellten Ergebnisse.
- Benutzung der zufällig anfallenden Daten in ungesteuerten Konstellationen.
- Erprobung aller Vordrucke.
- Erprobung der Sicherungsmaßnahmen.
- Überprüfung, ob alle sachlichen Anforderungen laut Pflichtenheft erfüllt werden.

Normalerweise werden drei Parallelläufe durchgeführt, bevor der Parallelbetrieb eingestellt wird. Voraussetzung ist ein befriedigendes Ergebnis dieser Läufe. Diese Parallelarbeit soll den langsamen Übergang von einem alten System auf ein neues System unter Vermeidung von Risiken (falsche Informationen) ermöglichen. Alle beim Parallellauf erkannten wesentlichen Fehler bzw. Mängel müssen bis zum produktiven Einsatz beseitigt werden.

Produktiver Einsatz

Auch nach der Absolvierung der bisher aufgezählten Testabschnitte können im Programm noch Fehler enthalten sein. Sie können während des produktiven Einsatzes auftreten. Die noch möglichen Fehler sind meistens Konstellationsfehler, da es nicht möglich ist, alle möglichen Datenkonstellationen durchzuprüfen.

14.3. Größe der Testabschnitte

Für die einzuschlagende Teststrategie ist es wichtig, die Testabschnitte optimal auszulegen. Ziel ist es dabei, mit möglichst wenig Aufwand möglichst alle Zweige und viele Zweigkombinationen eines Programmes zu prüfen. Wie groß ein solcher Testabschnitt sein sollte und welche Bedingungen bei der Einteilung in Abschnitte zu beachten sind, wird nachfolgend behandelt:

Verwendete Sprache. Je maschinenunabhängiger die Sprache ist, um so geringer wird der erforderliche Testaufwand, und um so größer können die Abschnitte sein, die gleichzeitig getestet werden können. Bei maschinenorientierten Sprachen sind die Fehlermöglichkeiten wesentlich größer. Dadurch ist die Fehlerhäufigkeit im Durchschnitt höher, die Fehler sind komplizierter. Die Abschnitte müssen daher bei gleichem Testfortschritt kleiner sein.

Aufgabenstellung. Je nach Schwierigkeitsgrad ist es zweckmäßig, kleinere oder größere Testabschnitte zu benutzen. Sind z. B. sehr viele Entscheidungen, Verzweigungen und Schleifen im Programm, dann ist der Schwierigkeitsgrad wesentlich höher, als wenn nur einfache Rechen- und Übertragungsoperationen vorkommen.

Teststadium. Die Testabschnitte verändern sich während der Prüfung der Programme. Während zu Beginn die Abschnitte sehr klein sind, werden zum Ende komplette Verfahren getestet. Wenn der kleinere Testabschnitt beendet ist, also die wesentlichen Zweige alle getestet und fehlerfrei sind, kann zum nächstgrößeren Abschnitt übergegangen werden.

Programmiererfahrung. Die Fehlersuche wird von den gesammelten Erfahrungen abhängig sein. Programmierer mit wenig Erfahrungen haben es einfacher, Fehler zu finden, wenn sie kleinere Testabschnitte wählen.

Verwendete Testdaten. Durch die Festlegung der Testdaten wird ein ganz bestimmter Teil einer Aufgabenstellung überprüft. Um eine sinnvolle Testdatenmenge bearbeiten zu können, wird auch eine sinnvolle Programmgröße erforderlich sein.

Auswertungsmöglichkeit. Zu einem vollständigen Test gehört auch, daß die erzielten Testergebnisse alle einzeln nachgeprüft werden. Durch eine sinnvolle Unterteilung kann die Auswertung erleichtert werden. Eine sinnvolle Unterteilung kann in manchen Fällen ein ganzer Arbeitsgang, in anderen ein Unterprogramm sein.

Verwendung von Geräten. Die Unterteilung kann so sein, daß nicht alle Geräte oder Dateien zum Test benutzt werden. Durch eine derartige Unterteilung wird der Testablauf erleichtert.

Overlay-Technik. Durch die Overlay-Technik sind automatisch Abschnitte vorgegeben, die auch beim Test berücksichtigt werden müssen. Eine weitere Unterteilung ist selbstverständlich möglich.

Verwendete Testhilfen. Da Testhilfen möglichst nur auf Programmteile angewendet werden, ist eine zweckmäßige Unterteilung auch aus diesem Grund beim Test zu beachten.

Steuerung der Testabschnitte. Werden nur Teile eines Programmes getestet, so müssen zusätzliche Testrahmen programmiert werden. Der Aufwand und die Fehlermöglichkeiten müssen so kalkuliert werden, daß sie möglichst gering sind.

Testzeit. Eine starke Aufteilung beim Test kann eine wesentliche Erhöhung des Testaufwandes an der Maschine verursachen. Die Aufteilung in Abschnitte muß also berücksichtigen, daß eine starke Aufgliederung eine Erhöhung der Maschinenzeit bedeutet, die bei der Testauswertung gerechtfertigt sein muß (z.B. eine leichtere Auswertung oder größere Sicherheit ermöglicht).

14.4. Testvorbereitung

Je nach Maschinengröße kann der Test relativ teuer sein. Um diese Kosten möglichst niedrig zu halten, ist jeder Test auf der Maschine sorgfältig vorzubereiten. Folgende Testvorbereitungen sind im einzelnen auszuführen:

- Testanweisung erstellen. Es wird genau beschrieben, was wann unter welchen Bedingungen getan werden soll.

- Testdaten zusammenstellen. Es sind die für den Testabschnitt erforderlichen Testfälle durch Daten darzustellen.
- Testergebnisse fixieren. Alle zu erwartenden Ergebnisse werden in der gewünschten Form zusammengestellt. Diese Vorbereitung ist allerdings nur bei geringeren Testdatenmengen durchführbar.
- Schreibtischtest. Das zu testende Programm wird vorher theoretisch durchgetestet.
- Programm umwandeln. Das zu testende Programm muß ohne Fehler umgewandelt worden sein.
- Sonstige organisatorische Vorbereitungen. Je nach Testabschnitt müssen u.U. Testzeiten bestellt und auch Vorbereitungsarbeiten durchgeführt werden (Datenerfassung usw.).

14.5. Testauswertung

Nach jedem Test erfolgt als erstes eine Testauswertung. Es ist dabei zu klären, ob alle Testergebnisse vorhanden sind und ob sofort erkennbare Fehler aufgetreten sind. Bei ungenügenden Ergebnissen ist zu untersuchen, ob eine weitere Testauswertung noch möglich ist. Bei Fehlern setzt die Fehlersuche ein.

Trifft keine dieser Bedingungen zu, so erfolgt die übliche Testauswertung, die folgende Fragen beinhaltet:

- Sind die Zwischenergebnisse richtig?
- Sind die Endergebnisse sachlich und formell richtig?
- Sind die Ergebnisse vollständig?
- Sind keine Informationen zerstört?
- Sind alle Fehler erkannt worden?
- Sind die Sicherungen ausreichend?
- Welche Zweige des Programmes müssen noch getestet werden?
- Wie müssen für den nächsten Test die Testdaten aussehen?
- Ist die Aufgabenstellung ausreichend?
- Ist die Hantierung zweckmäßig und sicher?
- Ist die Dokumentation vollständig und verständlich?
- Kann zu der nächsten Testphase übergegangen werden?

Bei entsprechendem Testfortschritt ist noch festzustellen, ob der zukünftige Abnehmer der Ergebnisse zufriedengestellt ist und ob sich das Programm in die Arbeitsgangkette einpaßt.

Diese Testauswertung wird auch gemacht, nachdem für erkannte Fehler die Ursache ermittelt wurde.

14.6 Fehlersuche

Die Abb. 14.1 bis 14.5 zeigen in grober Form die Reihenfolge der Fragen, die bei der Fehlersuche gestellt werden sollen. Diese wird in zwei Phasen abgewickelt.

Fehlereingrenzung

Es soll ermittelt werden, in welchem Teil des Programmes der Fehler enthalten ist. Dabei werden in der Praxis zwei Methoden angewandt:

- *Systematische Suche.* Im Schreibtischtest wird das Programm so lange getestet, bis der Fehler lokalisiert ist. Sind fehlerhafte Ergebnisse vorhanden, so ist anhand der Aufgabenlösung die Eingrenzung meist schnell möglich.
- *Intuition.* Die Kenntnis des Programmes und dessen Schwachstellen ermöglichen Vermutungen, wo der Fehler enthalten sein könnte.

Während also im ersten Fall ein relativ großer Aufwand zur Eingrenzung erforderlich ist, wird im zweiten Fall die Eingrenzung schneller erfolgen. Sie kann aber auch falsch sein. Dieser zweite Fall erfordert eine entsprechende Erfahrung, um zu richtigen Ergebnissen zu führen.

Fehlerfindung

Nach der Eingrenzung muß jetzt mittels Schreibtischtestmethode der Fehler ermittelt werden. Das ist eine der schwierigsten Aufgaben bei der Programmierung. Die Fehlerfindung soll den Befehl oder die Befehle im Programm oder sonstige Ursachen ausfindig machen, die zu einem Fehler geführt haben. Eventuell ist eine weitere Person hinzuzuziehen, da dann auch Interpretationsfehler (Maschine oder Software) schneller als bei alleiniger Suche gefunden werden.

Im wesentlichen ist zu unterscheiden, ob Fehler vorliegen, die einen Abbruch des Programmes erzwingen oder ob es sich um Fehler handelt, die fehlerhafte Ergebnisse erzeugen. Der erste Fall erlaubt meist eine schnelle Identifizierung des Fehlers, da die Abbruchursache zu dem vorliegenden Programmzustand meist in direkter Beziehung steht (Befehlszählerstand). Der zweite Fall kann wesentlich schwieriger sein, da hier der Entstehungsort neben der Fehlerursache lokalisiert werden muß.

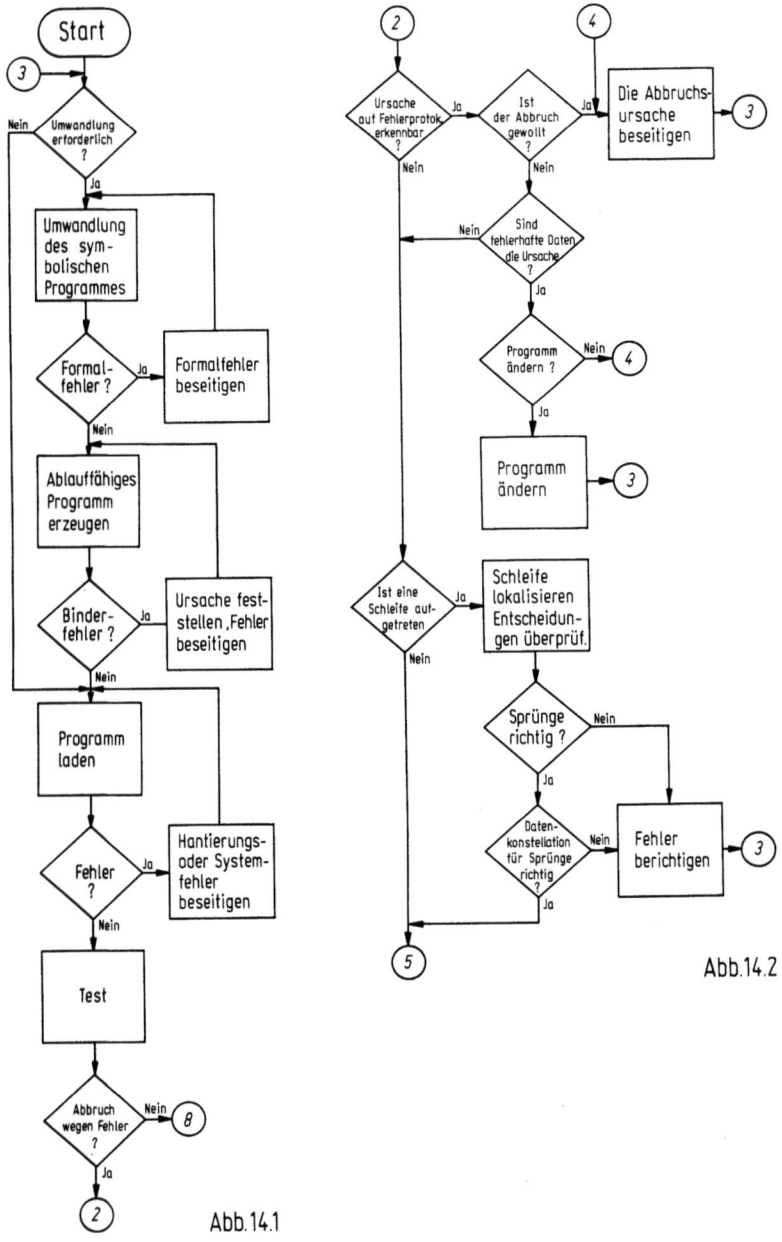

Abb.14.1

Abb.14.2

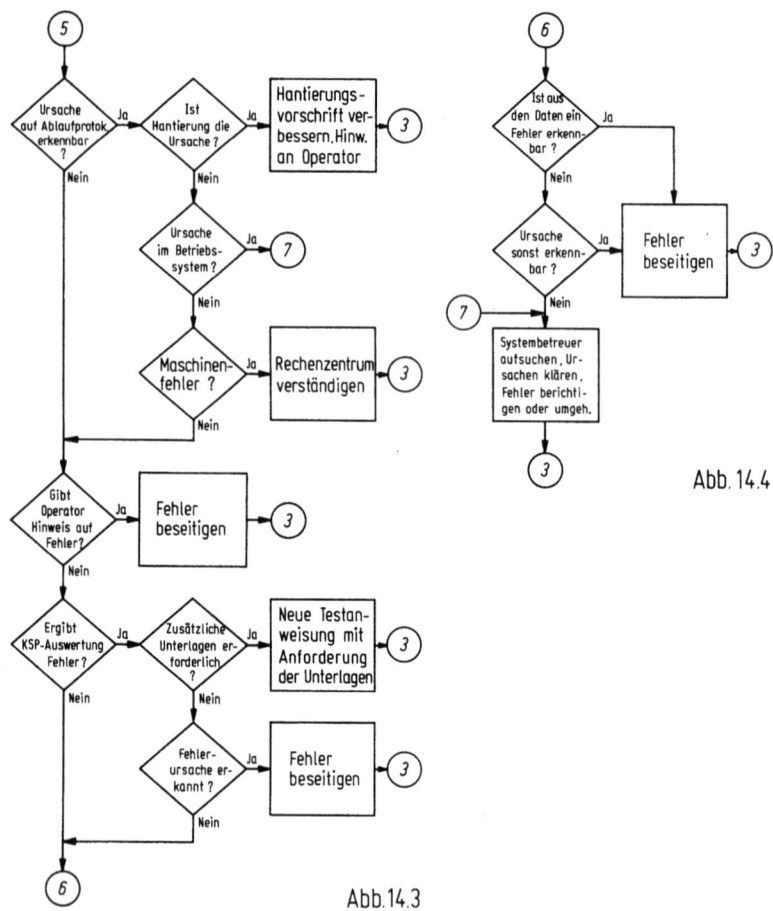

Abb. 14.4

Abb. 14.3

14.7. Die Fehlerkorrektur

Ein erkannter Fehler muß korrigiert werden. Der Zeitpunkt der Korrektur muß allerdings nicht sofort nach der Erkennung liegen, in diesem Fall wird das fehlerhafte Programm weiterbenutzt, der fehlerhafte Programmteil wird umgangen. Bei jeder Korrektur ist darauf zu achten, daß dadurch in einem anderen Programmteil kein neuer Fehler erzeugt wird. Zwei Methoden der Korrektur sind üblich:

Korrektur des symbolischen Programmes

Werden zur Erstellung des Programmes Programmiersprachen verwendet, so sind alle erkannten Fehler im symbolischen Programm

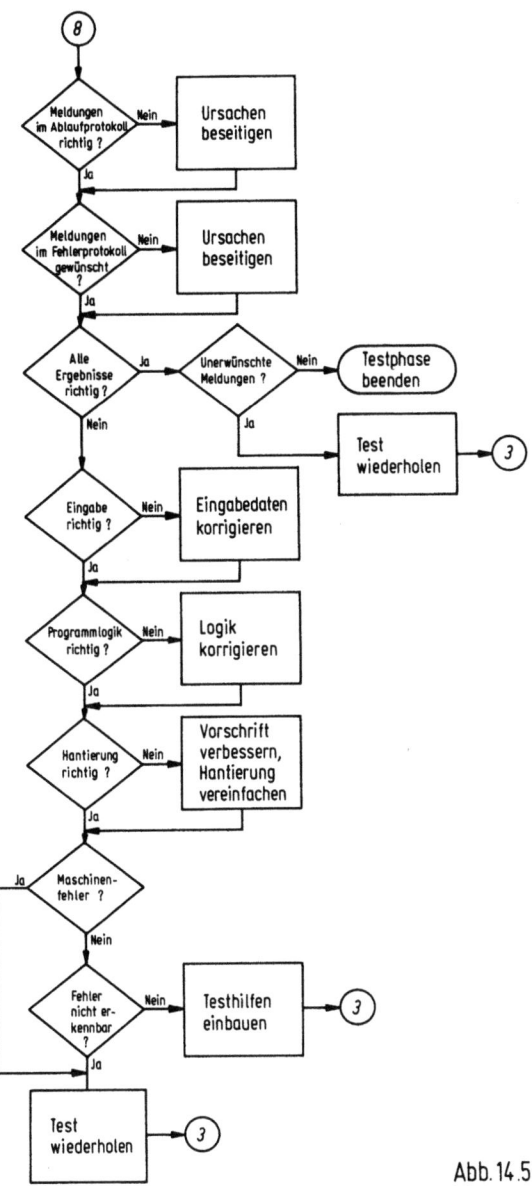

Abb. 14.5

zu korrigieren (Austausch, Einfügung oder Entfernung von Programmkarten). Jede Änderung bedingt allerdings, daß die Programme neu umgewandelt werden müssen.

Korrektur am ablauffähigen Programm

Soll nicht bei jedem erkannten Fehler eine Umwandlung durchgeführt werden (Verzögerung im Testbetrieb, höhere Maschinenzeiten), so muß ein Fehler, falls er nicht umgangen werden kann, im übersetzten Programm korrigiert werden. Bei Anlagen der zweiten Generation ist dies eine sehr häufig angewendete Technik. Bei Anlagen der dritten Generation ist dies nicht immer so einfach. Prinzip dieser Technik ist, das Maschinenprogramm zu ändern, wobei folgende Möglichkeiten unterschieden werden müssen:

- *Konstante ändern.* Diese Änderung ist leicht durchzuführen (z.B. Konstantenwerte ändern, Ausgangswerte definiert setzen, Drucktexte abändern usw.).
- *Programm ändern.* Bestimmte Befehle werden gegen andere Befehle oder Befehle mit anderen Parametern ausgetauscht (z.B. Adressen verändern, Längen verändern, Abfragen ändern usw.).
- *Einfügung von Programmteilen.* Muß ein Programm so abgeändert werden, daß die Änderung nicht in den bisher benutzten Platz paßt, so müssen Einfügungen vorgenommen werden. Diese Form der Korrektur wird durch die sogenannte Rucksacktechnik oder Balkontechnik realisiert. Der einzufügende Programmteil wird an einer benutzbaren Kernspeicherstelle angehängt und mit Sprüngen in das Programm eingefügt. In Abb. 14.6 wird diese Methode näher erläutert.

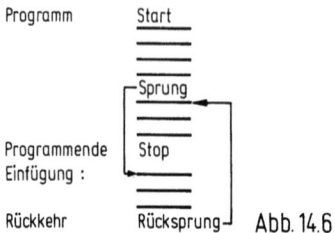

Abb. 14.6

Die Schwierigkeiten bei dieser Methode liegen in der Adressierung (Basisregister) und in Programmen, die in maschinenunabhängigen Sprachen erstellt worden sind. In diesem Fall ist eine Einfügung zusätzlicher Programmteile meist nicht möglich. Die Methode ist ferner sehr fehleranfällig und muß daher besonders sorgfältig ausgeführt werden.

Für produktive Zwecke sollte sie nur im Notfall zugelassen werden, da eine ordnungsmäßige Dokumentation und damit eine eindeutige Nachprüfung kaum möglich ist. Durch diese Methode lassen sich jedoch erhebliche Umwandlungszeiten einsparen.
Nach der Einfügung mehrerer Balkone muß eine Korrektur des symbolischen Programmes mit Umwandlung durchgeführt werden, um dieses auf den neuesten Stand zu bringen.

Korrektur an sonstigen Unterlagen

Die Ursache logischer Fehler kann auch in der Aufgabenstellung enthalten sein. Hier genügt nicht allein die Programmkorrektur, sondern es muß auch eine Aufgabenkorrektur mit den entsprechenden Auswirkungen bei allen Unterlagen (Pflichtenheft, Datenflußplan usw.) erfolgen. Das ist nicht mehr allein vom Programmierer durchzuführen, sondern muß unter Einschaltung der Planung und der Auftraggeber erfolgen.

14.8. Simulation

Der Test ist im wesentlichen eine Simulation des echten Betriebes; simuliert werden die Daten. Nicht alle Vorkommnisse lassen sich allein durch die Daten darstellen. Es ist auch nicht immer zweckmäßig, den echten Betrieb sofort zu prüfen, wenn es sich um komplizierte Prüfungen handelt und diese nacheinander ausgeführt werden können. Daraus ergibt sich für die Simulation folgende Aufgabenstellung:

- Überprüfung von Vorgängen, die nicht durch Daten zu steuern sind (z.B. Fehler an den Geräten).
- Vereinfachungen des Testbetriebes (z.B. Test ohne Datenübertragung). Erst wenn alles funktioniert, wird man die Datenübertragung einsetzen.

Die Simulation ergibt also bei sinnvollem Einsatz eine Verbesserung der Programmqualität bei reduziertem Testaufwand.

14.9. Fehlergruppen

Die Fehlermöglichkeiten infolge fehlerhafter Programmierung sind ziemlich groß. Um einen besseren Überblick zu bekommen, teilt man sie in Gruppen ein (Abb. 14.7).
Eine detaillierte Aufstellung, welche Fehler zu welcher Gruppe gerechnet werden, ist den folgenden Checklisten zu entnehmen. Diese

Fehler	Bedeutung	Ursache	Beseitigung
Logik	Ist ein Programm logisch richtig und vollständig bezüglich Verarbeitung und Datenstruktur?	fehlerhafte Unterlagen, Programmierfehler	durch den Programmierer
Adressierung	Ist die Ansteuerung von Daten und die Durchführung von Befehlen und Schleifenvorgängen richtig?	Programmierfehler	durch den Programmierer
Formal	Sind die formalen Regeln eingehalten (vollständig und richtig)?	Flüchtigkeits-, Interpretationsfehler	durch den Programmierer
Daten	Ist die Dateistruktur richtig, sind die Daten vollständig und die Formate richtig?	fehlerhafte Unterlage, Flüchtigkeits-, Programmierfehler	durch den Programmierer oder Datenlieferanten
Hantierung	Sind alle Maßnahmen an der DVA richtig und vollständig durchgeführt worden?	fehlerhafte Interpretation, Falschhantierung	Wiederholung mit richtiger Hantierung, Unterlagenverbesserung
Verknüpfung	Sind Programmteile richtig verknüpft (Parameter, Ergebnisse)?	Programmierfehler, Festlegungen	durch den Programmierer
Maschinen	Arbeiten die Zentraleinheit und die externen Geräte einwandfrei?	defekte Anlage bzw. Datenträger	durch die Wartung, Wiederholung des Ablaufs
System	Arbeiten die Systemprogramme der Software einwandfrei?	unerkannte Fehler bzw. zerstörte Software	richtige Software benutzen
Sonstige	Stimmen die Unterlagen mit der Aufgabe überein, ist das Verfahren genügend abgesichert?	ungenaues Pflichtenheft	genauere Planung und Überwachung

Abb. 14.7

können auch zur Testauswertung und Fehlersuche herangezogen werden um Fehler zu lokalisieren. Die Einteilung in die hier genannten Gruppen ist allerdings nicht zwingend vorgeschrieben.

Logikfehler

- Sind alle Dateieröffnungen durchgeführt?
- Werden die Gruppenwechsel zum richtigen Zeitpunkt durchgeführt?
- Ist die Berechnung von Formeln in der richtigen Reihenfolge ausgeführt worden?
- Werden Schleifen in der benötigten Anzahl durchlaufen?
- Werden Abfragen in der richtigen Reihenfolge durchgeführt?
- Werden Weichen und Schalter richtig gesetzt?
- Werden Rundungen richtig durchgeführt?
- Werden die richtigen Daten zur Verarbeitung benutzt?
- Ist die Verarbeitung der Informationen vollständig?
- Wird die Übertragung von Informationen innerhalb der Zentraleinheit richtig durchgeführt?
- Erfolgt die Ein-Ausgabe von Informationen in der richtigen Reihenfolge und zum richtigen Zeitpunkt?
- Werden die Abschlußarbeiten richtig durchgeführt?

Adressierungsfehler
- Sind alle Adressen formal richtig definiert?
- Entstehen falsche Adressen?
- Entstehen nicht zugelassene Adressen?
- Ist die Registerbenutzung richtig?
- Ist die Basisadressierung richtig?
- Werden Indizierung und Subskribierung richtig verwendet?
- Ist bei Indizierung und Subskribierung die Schrittlänge richtig?
- Werden Endebedingungen beachtet?
- Werden Adressen richtig errechnet?
- Werden gespeicherte Adreßwerte zerstört?
- Sind die Anfangsbedingungen eingehalten?
- Wird die Unterprogramm-Rücksprungtechnik richtig verwendet?
- Ist die Programmreihenfolge zugelassen?
- Wurde der Speicherschutz wirksam?

Formalfehler
- Sind bei der letzten Umwandlung Formalfehler gemeldet?
- Sind die Operanden der Befehle formal richtig?
- Ist die Interpunktion eines Programmes richtig benutzt?
- Ist die Reihenfolge von Angaben richtig?
- Sind alle Befehle oder Anweisungen in der Quellsprache vorhanden?
- Sind alle Operandenangaben vollständig?
- Sind alle erforderlichen Adressen definiert?
- Sind die erforderlichen Parameterangaben gemacht?
- Sind die zum Ablauf erforderlichen Beschreibungen formal vollständig?

Datenfehler
- Ist die Feldlänge genügend groß?
- Ist das Feldformat richtig gewählt?
- Ist der Anfangsstand der Felder richtig gesetzt?
- Stimmt die Satzlänge der Dateien mit den Beschreibungen überein?
- Ist die Reihenfolge der Felder in den Sätzen richtig beschrieben?
- Sind die gespeicherten Daten im angegebenen Format?
- Ist die Feldlänge richtig?
- Ist eine aktuelle Datei verwendet worden?
- Ist die Dateiendekennzeichnung korrekt?
- Sind die Vorzeichen der Daten richtig?
- Ist die Sortierung der Daten in der erforderlichen Reihenfolge?

- Sind die Daten vollständig vorhanden?
- Sind bei Wiederanlauf die Dateien richtig positioniert worden?
- Sind Daten, die als Steuerinformationen benutzt werden, richtig?

Hantierungsfehler
- Ist die Reihenfolge von Arbeitsgängen eingehalten worden?
- Sind alle Arbeitsgänge durchgeführt worden?
- Sind die Fehlerprotokolle vorhanden, die durch eine fehlerhafte Bedienung ausgelöst werden?
- Sind alle Dateien richtig gerüstet, für die eine Etikettierung durchgeführt wird?
- Sind die Dateien richtig gerüstet, für die keine Etikettierung möglich ist?
- Sind alle Datenträger bearbeitet worden?
- Sind alle Blattschreiberanforderungen richtig beantwortet?
- Sind die richtigen Ablaufsteuerkarten benutzt worden?
- Ist das richtige Programm benutzt worden?
- Wird mit dem aktuellen Tagesdatum gearbeitet?
- Wurde beim Drucker der richtige Vorschubstreifen benutzt?
- Ist bei Gerätefehlern oder Unterbrechungen so hantiert worden, daß keine Fehler entstanden sind?
- Werden Datenträger ohne Bedarf mehrfach bearbeitet?
- Ist das gewünschte Betriebssystem benutzt worden?
- Ist ein Wiederanlauf richtig abgewickelt worden?
- Wurde am Bedienungsfeld der Zentraleinheit oder der Geräte hantiert (es entsteht kein Protokoll)?
- Sind die richtigen Geräte benutzt worden?

Verknüpfungsfehler
- Ist die Ansprungadresse richtig?
- Ist die Rückkehradresse richtig?
- Sind Verknüpfungsparameter anzugeben?
- Ist die Reihenfolge von Parametern richtig?
- Müssen die Parameterangaben in bestimmten Feldern stehen?
- Ist der Aufruf vollständig?
- Steht der aufgerufene Programmteil im Speicher?
- Läuft der Austausch von Overlaysegmenten richtig ab?
- Ist die Registersicherung bei Verknüpfungen gewährleistet?
- Wie werden Ergebnisse mitgeteilt?
- Stimmt der detaillierte Aufbau von Parametern und Ergebnissen?
- Werden Datenfelder durch die Verknüpfung zerstört?
- Ist die Verwendung von Programmteilen mehrfach oder nur einmalig möglich?

- Ist die Programmverknüpfung formal richtig abgelaufen (Binderfehler)?

Maschinenfehler
- War ein Gerät defekt?
- Traten nicht behebbare Lese- oder Schreibfehler auf?
- Sind Datenträger zerstört worden (z.B. Papierriß, Bandriß usw.)?
- Wurde bei vorangegangenen Maschinenfehlern die Arbeit richtig fortgesetzt?
- Welche Fehleranzeigen wurden gesetzt?
- Sind sonstige Zustände aufgetreten, bei denen das Gerät als „unklar" gemeldet wurde?
- Sind fehlerhafte Datenträger benutzt worden (fehlende Reflektormarken)?
- Ist Stromausfall aufgetreten?
- Wurden nichtgelöschte Bandstellen als Blöcke interpretiert?
- Wurden bei der Ein-Ausgabe die Informationen ohne Fehlermeldung verfälscht?

Systemfehler
- Treten bei der Umwandlung der Programme im Maschinencode Fehler auf?
- Sind bei der Binderausgabe Fehler enthalten, ohne daß ein Fehlerprotokoll erschien?
- Sind bei der Bibliothekswartung Fehler aufgetreten?
- Treten beim Laden von Programmen Fehler auf?
- Erfolgt ein Abbruch des Programmes mit außerhalb des für das Programm reservierten Kernspeichers liegenden Befehlszählerstandes?
- Treten bei der Benutzung von Systemprozeduren bei richtiger Versorgung fehlerhafte Auswirkungen auf?
- Sind im Multiprogrammingbetrieb bei anderen Programmen Systemfehler aufgetreten?

Sonstige Fehler
- Entspricht die Realisierung des Programmes der Aufgabenstellung?
- Ist die Rüstvorschrift richtig?
- Sind die Antworten auf Fehlerprotokolle richtig?
- Sind Datenträger inzwischen überschrieben worden, weil das Freigabedatum erreicht ist?
- Sind Ablaufunterlagen verloren gegangen?

- Ist die Programmreihenfolge richtig vorgegeben?
- Ist der externe Speicherablaufplan richtig?

14.10. Informationen und Unterlagen zur Fehlersuche oder Testauswertung

Die bei den verschiedenen Maschinen vorgesehenen und lieferbaren Unterlagen für die Testauswertung können sich in ihrem Inhalt unterscheiden. Es sollen daher die Informationen aufgezählt werden, die erforderlich sind. Auf welchen Unterlagen sie stehen, ist unerheblich.

Die folgenden Informationen sind bei fast allen Maschinen zu bekommen:

Befehlszählerstand

Er gibt an, bei welchem Befehl ein Programm abgebrochen wurde. Handelt es sich um eine Fehlerschleife, so gibt der Befehlszähler nur einen Hinweis, wo die Schleife etwa liegt. Bei Maschinen- oder Systemfehlern kann der Programmierer damit nichts anfangen. Bei den anderen Fehlern ist der fehlerverursachende Befehl direkt beim gezeigten Befehlszählerstand oder neben dem durch den Befehlszähler angezeigten Kernspeicherplatz. Der Befehlszähler kann mit anderen Informationen auf einer Unterlage zusammen stehen (z.B. bei der Siemens 4004 im DUMP).

Registerstände

Hier sind alle durch den Programmierer benutzbaren Register (z.B. Indexregister, Mehrzweckregister, Gleichkommaregister usw.) auswertbar. Die Registerstände zeigen die Situation beim Abbruch. Sind beim verursachenden Befehl Register beteiligt, so können sie die Ursache dafür sein.
Bei Adressierungsfehlern (Schleifen), Datenfehlern und Verknüpfungsfehlern können fehlerhafte Registerstände schuld sein. Weshalb ein solcher falsch ist, muß dann im Einzelfall geklärt werden. Es können Mehrfachbenutzung ohne Sicherung oder fehlerhafte Veränderung vorliegen. Auch können das Setzen auf Anfangszustand oder die Registerübergabe bei Verknüpfungen falsch sein.
Läßt sich ein falscher Registerzustand nicht rekonstruieren, dann sollte mittels Testhilfen die Ursache geklärt werden. Die Fehlerwahrscheinlichkeit hängt bei diesem Fehler stark von der verwendeten Sprache ab. Bei der Benutzung von maschinenorientierten

Sprachen kann der Fehler häufig und in allen Varianten auftreten. Bei der Benutzung von maschinenunabhängigen Sprachen tritt er kaum auf. Ursache ist dann meist eine nicht eingehaltene Reihenfolge, z.b. erst OPEN, dann Zugriff zu Ein-Ausgabe-Bereichen, oder eine fehlerhafte Indizierung oder Subskribierung. Der Stand der Register ist z.B. bei der Siemens 4004 dem DUMP zu entnehmen.

Ablaufprotokolle

Für jedes Programm fallen während des Ablaufes Protkollmeldungen an. Diese können z.b. folgende Ursachen haben:
- Dateieröffnung und -abschluß,
- Gerätezuweisungen,
- Ladeaufruf,
- Steuerinformationseingabe,
- Fehlermeldungen des Systems (Software, Geräte),
- Programmendemeldungen,
- Systemaufrufe.

Die für ein Programm vorliegenden Meldungen ermöglichen es, den Ablauf in bestimmten Situationen zu rekonstruieren. Folgende, für die Testauswirkung wichtigen Fragen lassen sich aus den Ablaufprotokollen beantworten.

- Sind Hardwarefehler aufgetreten (Geräteausfall usw.)?
- Sind Fehler bei der Datenein- oder -ausgabe entstanden?
- Wurden die richtigen Geräte benutzt?
- Wurde das richtige Programm benutzt?
- Wurden die richtigen Dateien benutzt?
- Sind die Steuerinformationen richtig gegeben worden?
- Mit welcher Fehlermeldung wurde das Programm abgebrochen?
- Sind alle Anforderungen des Programmes erfüllt worden?
- Mußte ein Wiederanlauf durchgeführt werden?
- Wurden Fixpunkte geschrieben?
- Sind aktuelle Dateien überschrieben worden?
- Ist das Programm unterbrochen worden (durch den Operator)?
- Wurde der Ablauf im Multiprogrammingbetrieb durchgeführt?

Zusätzliche nicht programmspezifische Informationen sind bei Bedarf zu ermitteln:
- Mit welchem Betriebssystem wurde gearbeitet?
- Welche Ausgabenummer hat das System?
- Welches Tagedatum wurde benutzt?

Aus den Ablaufprotokollen lassen sich also Hantierungsfehler, Systemfehler und Maschinenfehler erkennen.

Ferhleranzeigen

Das sind Anzeigen, die durch das System gesetzt werden, wenn bestimmte Fehlerzustände auftreten. Je nachdem, von welchem Systemanteil die Anzeigen gesetzt werden, unterscheiden wir zwei Gruppen:

● *Software-Fehleranzeigen.* Der Fehler wird von der Software erkannt. Es wird in bestimmten Kernspeicherbereichen oder Registern angezeigt, um welchen Fehler es sich handelt. Durch einen Kernspeicherabdruck kann dieser Fehler auch sichtbar gemacht werden. Die Fehleranzeigen der Siemens 4004 haben die in Abb. 14.8 gezeigte Bedeutung. Andere Fehleranzeigen gibt es für die Ein-Ausgabe.

Fehler-code	Fehlerart
54	privilegierte Befehle
58	nicht decodierbarer Operationsteil
5C	Adressierungsfehler
60	Datenfehler
64	Charakteristiküberlauf
68	Divisionsfehler
6C	Mantisse gleich Null
70	Charakteristikunterlauf
74	Dezimalüberlauf
78	Festpunktüberlauf

Abb. 14.8

● *Hardware-Fehleranzeigen.* Sofern die Hardware Fehleranzeigen liefert, die zur Klärung der Fehlerursache erforderlich sind, müssen diese Angaben vom Operator mitgeliefert werden. Bei der dritten Generation ist dies kaum noch der Fall. Alle Fehleranzeigen, die nicht durch das System behandelt werden können, sind Hardware- oder Softwarefehler. Diese Meldungen gelangen nicht zum Programmierer, sondern werden im Rechenzentrum bearbeitet. Bei den Maschinen der zweiten Generation ist die Angabe der gesetzten Fehleranzeigen für die Fehlersuche meist erforderlich. Welche Fehler dadurch erkannt werden können, hängt von der verwendeten Maschine ab.

Kernspeicherabzug (Programmzustand, Felderzustand)

Diese Informationen können zu verschiedenen Zeitpunkten erzeugt werden, z.B. vor dem Programmablauf (a), während des Programmablaufs (b) oder bei Abbruch des Programmes (c). Der Fall a wird zu Vergleichszwecken mit b und c benötigt, um mögliche Veränderungen festzustellen. Der Fall b ist erforderlich, wenn während der verschiedenen Phasen eines Programmes die Veränderungen im Kernspeicher überprüft werden sollen. Der Fall c ist die übliche Form, die als Kernspeicherabzug zur Fehlersuche Verwendung findet.

Für die Ermittlung des Programmzustandes können folgende Informationen, z.T. in Zusammenhang mit zusätzlichen Angaben, interessant sein:

- Wie ist die Stellung von Weichen?
- Sind alle Befehle unverändert vorhanden?
- Sind die Sprungleisten richtig?
- Sind die Literale richtig?
- Wie ist die Auflösung von Makrobefehlen?
- Stimmt die Programmreihenfolge mit der programmierten Folge überein?
- Welche Steuerinformationen wurden verwendet?

Der Felderzustand kann über folgende zur Fehlerfindung führenden Fragen Auskunft geben:

- Welche Daten wurden zuletzt eingelesen?
- Welche Ausgabedaten wurden zuletzt aufgebaut?
- Welche Zwischenergebnisse ergeben sich bei einer Rechnung?
- Wie sind die Zählerstände?
- Wie stehen die Summenfelder?
- Wie weit sind Tabellen oder Raster aufgebaut?

Damit lassen sich Logikfehler, Datenfehler, Adressierungsfehler, Verknüpfungsfehler und Systemfehler nachweisen.

Bei tiefergehenden Kenntnissen über das verwendete Betriebssystem lassen sich zusätzlich Informationen ermitteln, die eine Lokalisierung des Fehlers erleichtern, z.B.:

- Zustand der Dateien (eröffnet oder geschlossen).
- Fehlerzustände bei der Ein-Ausgabe.
- Welche Geräte sind physisch benutzt worden?
- Welche Ablaufparameter wurden standardmäßig gegeben?
- Aktueller Ein-Ausgabe-Bereich bei Benutzung von zwei Bereichen.

Dies kann nur eine Auswahl der möglichen erkennbaren Informationen sein. Je nach Betriebssystem und Maschine kann es große Unterschiede geben.

Testanweisung und Operatorbemerkung

Die vom Operator zurückgelieferte Testanweisung kann zusätzliche Hinweise für die Testauswertung enthalten, z.B. solche auf Fehlerschleifen, unkorrekte Papierbewegungen oder die Effektivität der Gerätearbeit. Die für den Test benötigte Zeit kann Auskunft über die Hantierungsfreundlichkeit usw. geben.

Datenzustand

Hier sind nur Daten gemeint, die außerhalb der Zentraleinheit vorliegen. Da alle Daten in Form von Dateien organisiert sind, geht es also nur um die bis zu einem bestimmten Zeitpunkt (Abbruch) verarbeiteten oder erzeugten Dateien. Diese Datenzustände müssen bei Dateien, die nicht personell lesbar sind, über Umsetzer ausgedruckt werden. Folgende Informationen sind diesen Listen zu entnehmen:

- Welche Etikette sind verarbeitet worden?
- Wieviel Sätze sind je Block enthalten?
- Welche Satzarten sind vorhanden?
- Welche Sätze, Blöcke sind erzeugt worden?
- Welches ist der zuletzt ausgegebene Block?
- Wie sind die Felder in den Sätzen besetzt?
- Wie sind die Felder angeordnet?
- Sind alle erforderlichen Sätze vorhanden?
- Wie viele Blöcke umfaßt die Datei?
- Ist der Papiervorschub richtig?
- Sind die Daten in der richtigen Sortierfolge?
- Sind fehlerhafte Daten erkannt worden?
- Ist die Codierung von Daten richtig (z.B. Lochstreifen)?
- Ist die Gruppierung von Daten richtig?

Da beim Testen eine Vielzahl von Tests mit den gleichen Eingabedaten durchgeführt wird, muß der Datenträgerabdruck nur einmalig gemacht werden. Dabei ist allerdings sicherzustellen, daß diese Daten für den Test wirklich benutzt wurden. Ist dies nicht der Fall, so müssen neue Datenträgerabdrucke erstellt werden.
Die Datenzustände werden bei den Ausgabedateien immer benötigt. Das gilt nicht nur für die Fehlersuche, sondern auch für die Testauswertung, um die richtige Arbeitsdurchführung nachzuweisen.

Fehlerprotokoll

In diesem Protokoll werden alle durch das ablaufende Programm erkannten sachlichen Fehler protokolliert. Ist ein sachlicher Fehler Ursache für den Abbruch des Programmes, so kann die Ursache aus diesem Protokoll erkannt werden. Im wesentlichen werden fehlerhafte Daten auf diesen Protokollen erscheinen. Diese können allerdings auch Ursache für andere Fehler sein, wobei der Programmabbruch erst später zu erfolgen braucht.

Primärprogrammliste

Diese zeigt das Programm so, wie der Programmierer es geschrieben hat. Bei der Siemens 4004 ist es die SOURCE LISTING. Ist das Programm in einer problemorientierten Sprache geschrieben, so wird, wenn es sich um logische Fehler handelt, hauptsächlich in dieser Liste nach den Fehlern gesucht werden. Alle Formalfehler können ebenfalls in ihr erkannt werden.
Abb. 14.9 zeigt eine Primärprogrammliste für Siemens-4004-Assemblerprogramme. Für COBOL wird sie in Abb. 3.6 gezeigt.

Adreßbuch

Im Adreßbuch selbst sind meistens nur Formalfehler oder fehlende Adressendefinition usw. zu lokalisieren. Es ist aber unbedingt erforderlich, um einen Zusammenhang zwischen der Primärprogrammliste und dem Kernspeicherabzug herzustellen. Mittels des Adreßbuches lassen sich also Befehle und Daten im Kernspeicherabzug lokalisieren.
In Abb. 3.7 ist ein Beispiel eines Adreßbuches für COBOL-Programme gezeigt.

Liste des erzeugten Maschinenprogrammes

In dieser Liste wird das übersetzte Programm, im Vergleich zum symbolischen Programm, dargestellt. Bei Assemblerprogrammen werden die 1:1-Umwandlung der Anweisungen und die Makroauflösung gezeigt. Bei problemorientierten Sprachen wird ersichtlich, wie übersetzt worden ist. Folgende Informationen sind daher zu entnehmen:
- Wie effektiv ist das Maschinenprogramm?
- Ist die symbolische Anweisung so übersetzt worden, wie sie gemeint wurde?

```
ASSEMBLER    LISTING                                                   00:00:00   09/08/70   PAGE 0024

FLAGS  LOCTN  OBJECT CODE        ADDR1  ADDR2  STMNT M  SOURCE STATEMENT

04DD2  47 F0 6298                04DDA          01066           B     U40GA                                               SIM10180
04DD6  92 F0 63E5                04F25          01067           MVI   U402AT,+X'F0'                                       SIM10190
04DDA  50 E0 5886                04DDE  055EA   01068           ST    14,KOMSICH-20                                       SIM10200
04DDE  92 40 55EA         U40GA  04DCC          01069           MVI   ENDEKOM,C' '              ENDEKOMUNG RUECKSETZEN     SIM10210
04DE2  45 B0 6386                04EF8  U40H    01070           BAL   13,U402                   NAECHSTE KOMBINATION ERMITTELN SIM10220
04DE6  95 C5 558A                04E1E          01071           CLI   ENDEKOM,C'E'              ALTE KOMB'DAY             SIM10230
04DEA  47 80 62DC                05D04          01072           BE    U401                      JA                        SIM10240
04DEE  45 D0 720Z                05D04          01073           BAL   13,U406                   KOMBINATION PRUEFEN       SIM10250
04DF2  95 D3 5507                04119          01074           CLI   KENNLAD,C'L'              KOMBINATION LADBAR?       SIM10260
04DF6  47 70 6280                05DC0          01075           BNE   U40H                      NEIN                      SIM10270
04DFA  45 D0 657E                04F25  U40H    01076           BAL   13,U403                   KOMBINATION BEWERTEN      SIM10280
04DFE  F9 33 5532 2092    04074  OOBD4  01077           CP    LZZEIT,REFEZ                ALTE BEWERTUNG HOEHER?     SIM10290
04E02  47 B0 6240                05D00          01078           BNL   U40H                                                SIM10300
04E06  D2 27 5588 5502    0BBD4  00BD4  01079           MVC   KOSPEICH,KOMBITAB           KOMBINATION ZWISCHENSPEICHERN SIM10310
04E0E  F8 33 2092 9016    04074  0B016  01080           ZAP   LZZEIT,REFEZ                BEWERTUNG ABSPEICHERN     SIM10320
04E14  F9 32 2092 9016    04074  0B016  01081           CP    REFEZ,GEW                   GEWICHT ERREICHT?         SIM10330
04E1A  47 40 62A0                04E2A          01082           BL    U40H                      NEIN                      SIM10340
04E1E  45 D0 6676                05188  U40I    01083           BAL   13,U40L                   LADEN KOMBINATION         SIM10350
04E22  45 D0 69A2                055E4          01084           BAL   13,U405                   ZEILE DRUCKEN             SIM10360
04E26  92 00 63E5                04F25          01085           MVI   U402AT+1,X'00'                                      SIM10370
04E2A  92 00 6401                04F43          01086           MVI   U402A2+1,X'00'                                      SIM10380
04E2E  92 00 641F                04F61          01087           MVI   U40ZA3-1,X'00'                                      SIM10390
04E32  58 D0 54CA                0400C          01088           L     13,SICH2                                            SIM10400
04E36  07 FD                                    01089           BR    13                        RUECKSPRUNGADRESSE LADEN  SIM10410
                                                01090  ***                                                                SIM10420
04E38  50 D0 54CE                04010  U401    01091           ST    U401 EINZELPROGRAMM ODER LANGLAEUFER SUCHEN          SIM10430
04E3C  58 A0 54D2                0401A          01092           ST    13,SICH3                  RUECKSPRUNGADR SICHERN    SIM10440
04E40  F8 30 5532 54BA    04074  03FFC  01093           ZAP   LZZEIT,PNULL                                                SIM10450
04E46  48 C0 A000                00000          01094           LH    12,PRONR                                            SIM10460
04E4A  4B C0 7BEA                0672C          01095           SH    12,H'1'                                             SIM10470
04E4E  4C C0 7B86                056C8          01096           MH    12,H'1'                                             SIM10480
04E52  5A C0 20A2                00BE4          01097           A     12,AUFTRAG                ADR AKTUELLES PROG IN REG 12 SIM10490
04E56  F9 11 CC07 9010    00007  00010  01098           CP    PREIMT,REIMT              ERRECHNETE INTENSITAET ZU MOCH? SIM10500
04E5C  47 60 6390                04E0A          01099           BH    U401A                     PROGRAMM STARTBEREIT?     SIM10510
04E60  95 E2 CC06                00006          01100           CLI   PZUSI,C'S'                JA                        SIM10520
04E64  47 70 6390                04E0A          01101           BNE   U401A                     NEIN                      SIM10530
04E68  D7 27 5502 5502    0404A 0404A   01102           XC    KOMBITAB,KOMBITAB         KOMBITATIONSTAB LOESCHEN    SIM10540
04E6E  D2 04 54E8 7C6A    0402A 067AC   01103           MVC   KOMANZE,=C'00001'         ANZEIGE SETZEN              SIM10550
04E74  50 CO 5526                0406B          01104           ST    12,KOM5                                             SIM10560
04E78  D2 01 5522 CODO    04064  00000  01105           MVC   KOMNR,PNR                 ADR PROG IN KOMBINATIONSTAB SIM10570
04E7E  45 D0 7202                B5D04          01106           BAL   13,U406                   NR PROG IN KOMBINATIONSTAB SIM10580
04E82  95 D3 55D7                04119          01107           CLI   KENNLAD,C'L'              U406 PRUEFEN OB PROG PASST SIM10590
04E86  47 70 6390                04E0A          01108           BNE   U401A                     KENNUNG LADBAR GESETZT?   SIM10600
04E8A  95 D3 54ED                04119          01109           CLI   KENN1,C'L'                NEIN                      SIM10610
04E8E  47 70 6372                04E0B          01110           BNE   U401B                     LANGLAEUFER GESUCHT?      SIM10620
04E92  58 70 5506                05E84          01111           L     12,KOM1                                             SIM10630
04E96  F9 33 5532 C00A    04074  01112           CP    LZZEIT,PREZEIT            ALTE LAUFZEIT GROESSER?     SIM10640
04E9C  47 80 6390                04E0A          01113           BNL   U401A                     JA                        SIM10650
04EA0  F8 33 5532 C00A    04074  01114           ZAP   LZZEIT,PREZEIT            NEIN, NEUE LAUFZEIT SPEICHERN SIM10660
04EA6  50 C0 5536                04078          01115           ST    12,LZADR                  ADRESSE SPEICHERN         SIM10670
04EAA  D2 27 558B 5502    04DCD  04D44  01116           MVC   KOSPEICH,KOMBITAB         KOMBINATION SPEICHERN     SIM10680
04EB0  47 F0 6390                04E0A          01117           B     U401A                                               SIM10690
```

Abb 1/4 q

- Haben Fehlermeldungen (Warnungen) zu Fehlern im übersetzten Programm geführt?
- Welche Register werden für welchen Zweck benutzt?
- In welchen Datenformaten werden Bearbeitungen durchgeführt?
- Welche Hilfsfelder werden für die Bearbeitung benutzt?
- Welche Hilfsroutinen (Module) werden benutzt?

Da die auf dieser Liste dargestellten Informationen im wesentlichen identisch mit dem Inhalt eines Kernspeicherausdrucks sind, wird die Interpretation des Kernspeicherausdrucks dadurch wesentlich erleichtert. Wann diese Unterlage erstellt werden soll, zeigt Abb. 3.11. In Abb. 3.9 ist die Liste selbst wiedergegeben.

Binderliste

Liefern die Sprachübersetzer Module als Übersetzungsergebnis, so müssen die Programme erst gebunden werden. Bei diesem Vorgang fallen Binderlisten an, die folgende Aussagen machen:
- Ist das gebundene Programm vollständig?
- Ist der Bindevorgang fehlerfrei abgelaufen?
- In welcher Reihenfolge sind die Module zu einem Programm zusammengesetzt worden?
- Wie sind die relativen Anfangsadressen eines Moduls innerhalb des Programmes?
- Welche Programmteile werden in Overlay-Technik bearbeitet?
- Welcher Programmname ist vergeben worden?

Ein Beispiel für eine Binderliste zeigt Abb. 3.10.

Querverweisliste

In dieser Liste wird die Benutzung von Adressen in einem Programm gezeigt. Folgende Informationen sind ihr also zu entnehmen:
- Wird ein symbolisch definiertes Feld benutzt?
- Wie oft wird es benutzt?
- Wo wird es benutzt?
- Welche Sprungadressen werden benutzt?
- Welche Sprünge werden von wo ausgeführt?

Diese Liste ist oft mit dem Adreßbuch gekoppelt. Abb. 3.7 zeigt eine solche Liste.

Überwachungslisten

Werden während des Testlaufes Überwachungsfunktionen durchgeführt, so wird auch eine Liste gedruckt, die Datenfelder, Weichen oder das Programm protokolliert. Diese Überwachungsfunktionen, in Kap. 16 näher beschrieben, sollen die dynamischen Vorgänge in der Anlage sichtbar machen. Welche Funktionen überwacht werden, kann vom Programmierer bestimmt werden.

Im wesentlichen werden mit Hilfe dieser Listen Logikfehler, aber auch Datenfehler, Verknüpfungsfehler und Adressierungsfehler gesucht. Überwachungslisten (Abb. 16.1) sind nur in sehr schwierigen Fällen erforderlich. Welche Überwachungsmöglichkeiten üblich sind, wird im Kap. 16 beschrieben.

Fehler \ Unterlage	Logik	Adressierung	Formal	Daten	Hantierung	Verknüpfung	Maschinen	System	Sonstige
Befehlszähler	X	X	—	X	(X)	X	(X)	X	—
Registerstände	X	X	—	X	—	X	(X)	X	—
Ablaufprotokolle	—	—	—	X	X	(X)	X	X	X
Fehleranzeigen	—	X	—	X	(X)	—	X	X	—
Kernspeicherabzug	X	X	—	X	—	X	(X)	X	—
Testanweisung Operator-Bem.	X	X	—	(X)	X	—	X	—	X
Datenzustand	X	—	—	X	(X)	(X)	X	—	X
Fehlerprotokoll	X	—	X	X	X	(X)	X	X	X
Primärprogrammliste	X	X	X	—	—	(X)	—	X	—
Adreßbuch	(X)	X	X	—	—	X	—	X	—
Maschinenprogrammliste	(X)	X	(X)	—	—	(X)	—	X	—
Binderliste	—	(X)	—	—	—	X	—	X	—
Querverweisliste	X	X	—	(X)	—	(X)	—	(X)	—
Überwachungslisten	X	X	—	(X)	—	X	(X)	(X)	—
sonstige Dokumentation	X	—	—	X	—	—	—	—	X

X = Fehler kann erkannt werden
(X) = Fehler kann bedingt erkannt werden
— = Fehler kann nicht erkannt werden

Abb. 14.10

Sonstige Unterlagen

Neben die wichtigsten bisher beschriebenen Unterlagen für die Testwertung treten noch:

- Aufgabenstellung, Pflichtenheft,
- Datenflußplan,
- Programmablaufplan,
- Festlegungen,
- Datenträgerorganisation,
- Hantierungsvorschriftenblätter,
- externer Speicherablaufplan,
- Stopkatalog.

Alle Unterlagen, die für die Dokumentation der Aufgabe benötigt werden, sind auch für die Testauswertung zu benutzen. Damit können im wesentlichen Abweichungen von der Aufgabenstellung ermittelt werden.

Abb. 14.10 zeigt den Zusammenhang zwischen Unterlagen und den daraus erkennbaren Fehlern. Sie kann nur einen groben Überblick geben, da die Fehlerursachen sehr viel komplizierter zusammengesetzt sein können.

15. Testdaten

Für die Durchführung von Tests haben die Testdaten eine erhebliche Bedeutung. Von ihrer Vollständigkeit und zweckmäßigen Zusammenstellung hängt es ab, wie gut ein Programm ausgetestet wird. Ein schlecht ausgetestetes Verfahren wird also dann im praktischen Betrieb ausgetestet. Dies ist allerdings wesentlich aufwendiger als der übliche Test und führt zur Verägerung der Verfahrensbenutzer.

Welche Grundsätze bei der Auswahl von Testdaten beachtet werden sollten, um den Test rationell durchführen zu können, wird in den folgenden Punkten behandelt.

15.1. Zusammensetzung der Testdaten

Bei der Zusammensetzung der Testdaten sind der Inhalt der Daten, die Menge der Daten und der Einfluß der Testphasen zu berücksichtigen. Das Optimum dieser drei Abhängigkeiten muß für den jeweiligen Test ermittelt werden. Nicht in jedem Fall kann allerdings exakt nach diesen Kriterien vorgegangen werden, da auch der Aufwand für die Erstellung maschineller Testdaten berücksichtigt werden muß. Da es beim Test besonders auf die Zusammensetzung der Testdaten ankommt, ist also bei dieser Arbeitsphase sehr viel Sorgfalt erforderlich.

Inhalt der Testdaten

Der Testdateninhalt ist selbstverständlich von der entsprechenden Aufgabenstellung abhängig und kann im Detail nicht allgemein vorgegeben werden. Er muß so gewählt werden, daß alle Funktionen eines Programmes mindestens einmal aktiviert werden. Da sich die Programme global sehr ähnlich sind, kann man die zu testenden Funktionen vorgeben, sofern sie vorhanden sind.

Folgende wesentliche Aufgaben müssen die Testdaten erfüllen:
- Anfangsroutine. Ist die Dateieröffnung erprobt? Sind Anfangsbedingungen gesetzt?
- Rechenroutinen. Sind Formeln, +, −, *, / usw. überprüft?
- Dateiaufbau. Sind Blocklänge, Etikettierung und Blockfaktor überprüft?
- Satzformate. Treten alle Kartenarten, Satzarten und Zeilenarten auf?
- Listenformate. Sind Blattwechsel, Vorschub, Überlauf usw. überprüft?
- Tabellenbearbeitung. Werden alle Datenelemente — und nur die Tabellenelemente — erreicht?
- Gruppenwechsel. Werden sie vollzählig und richtig erkannt?
- Grenzwerte. Werden Schleifen oder sonstige Routinen auch bei Grenzwerten richtig ausgeführt?
- Verknüpfungen. Laufen die Programmverknüpfungen in jeder Variante richtig ab?
- Overlay-Technik. Wird das Laden von Programmsegmenten richtig ausgeführt?
- Steuerungsangaben. Sind alle Möglichkeiten (z.B. Karte, Band) ausprobiert?
- Datenträgerüberlauf. Funktioniert der Datenträgerwechsel?

- Fixpunkt. Funktionieren Fixpunkt und Wiederanlauf?
- Sicherungen. Werden alle Datenträgerabzüge usw. richtig ausgeführt?
- Abhängigkeiten. Sind alle zulässigen Abhängigkeiten überprüft (AND- und OR-Beziehungen)?
- Daten mit verschiedenen Vorzeichen. Wurde mit positiven und negativen Daten getestet?
- Datenüberlauf. Sind die Daten mit maximalen Größen überprüft?
- Hantierungen. Sind alle Hantierungen getestet?
- Fehlermöglichkeiten. Sind alle denkbaren Fehlersituationen simuliert?
- Enderoutine. Werden die Abschlußarbeiten getestet?

Zweckmäßig wäre eine Zusammenstellung von Testdaten, die viele Kombinationen überprüft. Testdaten, die alle Kombinationen erfassen, sind kaum möglich, da es zu viele Kombinationsmöglichkeiten gibt.

Eine sorgfältige Zusammenstellung der Testdaten kann die Testzeiten eines Verfahrens erheblich verkürzen.

Menge der Testdaten

Normalerweise genügt es, jede Funktion des Programms durch eine einzige Testdate zu aktivieren. Bestimmte Funktionen eines Programms sind aber mengenabhängig, erfordern also ein größeres Testdatenvolumen. Bei folgenden Prüfungen sind größere Datenvolumen erforderlich:

- Datenträgerwechsel,
- Fixpunkt,
- Datenträgersicherung,
- Listendruck, sonstige Dateien.

Diese Prüfungen werden zweckmäßigerweise erst dann durchgeführt, wenn die sonstigen Funktionen überprüft sind. Unter Umständen lassen sich größere Datenmengen auch vermeiden, wenn durch Simulation die Bedingungen früher als üblich erfüllt werden. Beispiele für solche Simulationen sind eine vorverlegte Bandendemarke (wenige Meter nach Anfangsmarke) sowie verkürzte Zeitbedingungen für den Fixpunkt (nicht 1 Stunde, sondern 1 Minute).

Je nach Testphase ist auch die Menge der Daten unterschiedlich. Bei fortgeschrittenem Teststadium werden mehr Testdaten benutzt als am Anfang. Die günstigste Lösung für die Menge der Testdaten kann nur individuell bestimmt werden, wobei folgende Bedingungen zu beachten sind:

- Notwendige Menge. Fälle, die getestet werden sollen.
- Vorhandene Testdaten. Schon getestete Fälle.
- Erstellaufwand für neue Testdateien.

Da der Erstellaufwand u. U. größer ist als der Testzeitgewinn bei der Benutzung geringerer Testdatenmengen, wird eine bestehende Testdatei günstiger zu benutzen sein.

Einfluß der Testphasen

Welcher Einfluß durch die Testphasen auf die Testdaten bezüglich Inhalt und Menge ausgeübt wird, ist Abb. 15.1 zu entnehmen.

Testphase	Inhalt	Menge
Schreibtischtest	wesentliche Teile des Programmes sollen durchlaufen werden; Steuerung, Verarbeitung, Konstante	sehr wenig Daten
Teilprogramm, Modul, Unterprogramm	Programmlogik, Rechenvorgänge, Extremwertprüfung, Dateneingabe, -ausgabe	geringe Datenmengen, jeder Programmzweig sollte möglichst durchlaufen werden, keine Prüfung von Vorgängen, für die viele Daten erforderlich sind
Programm	Programmlogik, Zusammenwirken von Programmteilen, Prüfung von Sicherungen, Fehlererkennung, Bedienungsmaßnahmen, Ergebnisse des Programmes (Listen, Dateien)	mittlere Datenmengen, jeder Programmzweig muß einmal durchlaufen werden, Prüfung auch von Vorgängen mit Massendaten
Verfahren	Weitergabe von Informationen zwischen Programmen, Überprüfung der Beschreibungen (Hantierungsvorschriften usw.), Gesamtergebnisse des Verfahrens in allen möglichen Fällen; fehlerhafte Daten, Grenzfälle	größere Datenmengen, wobei alle Zweige aller Programme durchlaufen werden sollen, mit allen Sicherungsmöglichkeiten
Parallellauf	zufällige Daten wie sie gerade anfallen; die benutzten Programmteile sind nicht vorher bestimmbar	produktive Daten in den anfallenden Mengen

Abb. 15.1

15.2. Datenlieferant und Ergebnisauswerter

Je nach Testphase können für die Datenlieferung und für die Auswertung unterschiedliche Personengruppen zuständig sein. Abb. 15.2 zeigt die Verantwortlichkeiten.

Es können immer nur bestimmte Personengruppen für bestimmte Testdaten zuständig sein:
- *Programmierer.* Er kennt ein Programm im Detail und muß den Detailtest allein ausführen. In späteren Testphasen überwacht er die Funktionstüchtigkeit.

Testphase	Datenlieferant	Ergebnisauswertung
Schreibtischtest	Programmierer	Programmierer (Organisator)
Teilprogramm, Modul, Unterprogramm	Programmierer	Programmierer
Programm	Programmierer und Organisator	Programmierer (1) Organisator (2)
Verfahren	Organisator und Fachabteilung	Programmierer (2) Organisator (1) Fachabteilung (1)
Parallellauf	Fachabteilung	Rechenzentrum (2) Programmierer (2) Organisator (2) Fachabteilung (1)

(1) = Feinauswertung
(2) = Grobauswertung

Abb. 15.2

- *Organisator.* Er kennt die sachlichen Anforderungen, die ein Verfahren erfüllen muß und prüft die Realisierung auf der DV-Anlage daraufhin.
- *Fachabteilung.* Sie hat eine ähnliche Aufgabe wie der Organisator. Zusätzlich hat sie zu prüfen, ob das Verfahren auch praktizierbar ist.
- *Rechenzentrum.* Dieses hat das Verfahren bezüglich Abwicklung zu prüfen und die Ergebnisse wie bei produktivem Einsatz zu untersuchen.

15.3. Testdatenerstellung

Für die Qualität der Testdaten sind verschiedene Faktoren ausschlaggebend.
Personelle Erstellung. Es werden durch Personen, die ein bestimmtes Testziel verfolgen, Testdaten erstellt. Dabei besteht die Unsicherheit, ob auch alle wesentlichen Fälle erfaßt sind. Vermeintlich kritische Fälle werden besonders ausführlich getestet, unkritische weniger oder überhaupt nicht. Die Fehlerverteilung kann aber gerade umgekehrt sein.

Maschinelle Erstellung. Durch einen Testdatengenerator werden die Testdaten erzeugt. Wesentliche Eigenschaft dieser Daten ist, daß sie zufälliger Natur, also nicht vom Lösungsweg beeinflußt sind. Extremwertprüfungen sind mit solchen Daten nicht auszuführen. Es können auch viele gleichartige Fälle erzeugt werden, die nicht gewünscht sind. Diese Art der Testdatenerstellung ist also nur begrenzt verwendbar (Kap. 16).

Zeitpunkt der Festlegung. Dieser ist nur bei personeller Erstellung interessant. Werden die Testdaten gleichzeitig mit dem Programm festgelegt, ist eine bessere Zusammenstellung der Daten möglich. Für die Testphasen „Teilprogramm" und „Programm" empfiehlt es sich, nach der Erstellung eines Programmteiles in der Größenordnung eines Codierformulars die entsprechenden Testdaten anzulegen, wobei nicht die kompletten Testdaten geschrieben werden, sondern nur die wesentlichen Teile.

Beispiel
Aufgabe: Bei $A=1$ und $B \ne 0$ ist $C=B$, sonst $C=A$.
Die Testbeispiele sind folgendermaßen festzulegen:
1. Fall: $A=1$, $B=2$, Ergebnis: $C=2$,
2. Fall: $A=1$, $B=0$, Ergebnis: $C=1$,
3. Fall: $A=3$, $B=2$, Ergebnis: $C=3$,
4. Fall: $A=4$, $B=0$, Ergebnis: $C=4$.

Bei der Erstellung der Testdaten werden diese Fälle mit anderen zusammen zu komplexeren Fällen kombiniert. Bei den anderen Testphasen ist in ähnlicher Weise vorzugehen.

Vorteil dieser gleichzeitigen Festlegung der Daten ist, daß alle Zweige eines Programmes leicht erfaßt und damit auch getestet werden. Eine andere Möglichkeit der Festlegung besteht darin, daß mit Hilfe des Programmablaufplanes die Fälle festgelegt werden.

Datenvarianten. In einem Programm sind meistens nur bestimmte Datenzusammensetzungen erlaubt. Getestet werden muß mit allen möglichen Varianten, da bei einem produktiven Lauf diese ebenfalls auftreten können, wenn z. B. Daten fehlerhaft abgelocht werden. Es reicht also nicht, sich nur am Programmablaufplan oder codierten Programm auszurichten. Grundsätzlich sind auch nicht zulässige Daten einzubeziehen.

15.4. Archivierung der Testdaten

Je nach Testphase gelten hier unterschiedliche Bedingungen. Eine Archivierung erfolgt erst ab Verfahrenstest. Die Testdaten des Verfahrenstestes werden auch nach dem produktiven Einsatz des Verfahrens benötigt, wenn durch die Programmpflege erneute Tests erforderlich sind. Eine Ergänzung der Daten durch zusätzliche Fälle, die bestimmte Kombinationen oder vergessene oder zusätzliche Zweige eines Programmes erfassen, ist notwendig.
In welcher Form die Archivierung erfolgen sollte, ist vom Verfahren abhängig. Daten auf Lochkarten werden in dieser Form archiviert, Dateien auf anderen Datenträgern wird man u.U. umsetzen. Alle magnetisch gespeicherten Dateien werden zweckmäßig auf Magnetbändern gespeichert, wobei mehrere kleine Dateien zusammen auf ein Band genommen werden. Diese Arbeitsweise ist insbesondere notwendig, wenn für ein Verfahren sehr viele Dateien erforderlich sind und damit eine erhebliche Zahl von Datenträgern blockiert werden würden. Liegen für magnetisch gespeicherte Dateien Lochkartensätze vor, so können sie ebenfalls in dieser Form archiviert werden. Vorteilhaft dabei ist, daß Änderungen an den Dateien leicht durchzuführen sind (z.B. Ergänzungen).
Die Testdaten und die daraus erzeugten Testergebnisse dienen zum Nachweis der Ordnungsmäßigkeit des Verfahrens gegenüber der Fachabteilung, aber auch gegenüber der internen Revision. Durch die Archivierung der Daten und der Ergebnisse läßt sich diese jederzeit nachprüfen.

16. Testhilfen

Alle Routinen, die zur Erzeugung von Testdaten, zur Erkennung und Lokalisierung von Fehlern und zur Auswertung von Testergebnissen benutzbar sind, sollen als Testhilfen bezeichnet werden. Dabei ist es unerheblich, ob sie als Standards vorhanden sind oder selber erzeugt wurden. Je mehr Testhilfen zur Verfügung stehen, um so schneller und besser lassen sich Programme austesten. Der richtige Einsatz dieser Hilfen kann die Erstellzeit eines Programmes und den für Teste erforderlichen Maschinenzeitbedarf vermindern.
Für den closed-shop-Betrieb ist der Programmierer auf leistungsfähige Hilfen angewiesen, da er keine Beeinflussungsmöglichkeit mehr während des Tests hat.

16.1. Klassifikation der Testhilfen

Folgende Klassen von Testhilfen sind unterscheidbar:
- *Datenträgerabzüge.* Für Band, Platte, Lochkarten und Lochstreifen. Es werden die Eingabe- und Ausgabe-Informationen in lesbarer Form zur Testauswertung zur Verfügung gestellt. Ihre Funktionen sind im Kap. 14 beschrieben.

- *Kernspeicherabzüge.* Vor dem Test, nach dem Test und während des Testes (Schnappschuß). Meistens sind noch gewisse Auswahlfunktionen möglich, z.B. Teilabzüge. Der Kernspeicherabzug hat die Funktion, den Zustand eines Programmes und der im Speicher enthaltenen Daten zu verschiedenen Ablaufphasen aufzuzeigen.

- *Test-Module.* Ausnutzung der von Soft- oder Hardware gegebenen Möglichkeiten für die Testrationalisierung (z.B. STXIT-Ausgang bei der Siemens 4004).

- *Trace und Ablaufverfolger.* Ausgabe von gezielten Programmzuständen. Diese Testhilfen werden auch als dynamische Hilfen bezeichnet, weil die Ausgabe der Informationen während des Testablaufs erfolgt und bei geeigneter Anwendung der Ablauf eines Programmes rekonstruierbar ist.

- *Programme zur Testdatenerzeugung.* Testdatengenerator, Karte → Band, Karte → Platte usw. Die Testdaten werden über Steuerkarten automatisch oder von vorhandenen Datenträgern (Karte) auf die gewünschten Datenträger übertragen.

- *Datenträgervergleich.* Routinen zur Auswertung von Testergebnissen. Die Veränderungen an Dateien werden durch Programme gesucht und gedruckt, z.B. Bandvergleich, Platte, Bandvergleich usw.

- *Sonstige Testhilfen.* Dazu zählt die Möglichkeit, am ablauffähigen Programm Änderungen zu Testzwecken durchzuführen, z.B. durch Verändern von Daten oder Überspringen von Programmzweigen. Die Änderungen können allerdings nur in der Maschinensprache (Adressen usw.) durchgeführt werden. Auch der Einbau eines Befehlszählerstops in ein ablauffähiges Programm ist eine Testhilfe.

Ein Teil der Testhilfen wurde schon in den Kap. 14 und 15 behandelt. Abb. 16.2 zeigt eine Übersicht der verschiedenen Testhilfen und die Bedingungen für ihren Einsatz. Weitere Testhilfen sollen im Anschluß behandelt werden.

16.2. Test-Module

Diese Module sind von der Hard- und Software abhängig, als Beispiel wird hier für die Siemens 4004/35-55 und höhere Betriebssysteme der Fehlerausgang STXIT behandelt. Durch diesen Ausgang werden z.b. Feldüberlauf bei arithmetischen Operationen, Division durch Null und arithmetische Operanden gemeldet, die ein unzulässiges Format haben (Datenfehler). Alle diese Fehler führen zum Abbruch des Programmes. Bei einer Besetzung des STXIT-Ausganges mit einer entsprechenden Fehlerroutine (STXBER, Kap. 7.3) und einer Behandlung der Daten, kann das Programm fortgesetzt werden.
Protokolle der Fehler lassen erkennen, wo welcher Fehler aufgetreten ist. Da die Datenfehler sehr häufig auftreten, können viele in einem Test ermittelt werden. Die Benutzung des Anwendermoduls STXBER ist also eine wirksame Testhilfe und muß daher immer benutzt werden.

16.3. Trace und Ablaufverfolger

Der Ablaufverfolger ist die aufwendigste Testhilfe und daher erst einzusetzen, wenn mit anderen Mitteln der Fehler nicht zu lokalisieren ist. Es lassen sich die Zustände eines Programmes in der Ablaufreihenfolge des Programmes ausgeben. Neben den Befehlen gehören dazu auch die verwendeten Daten. Zusätzliche Bedingungsangaben ermöglichen eine Auswahl der auszudruckenden Informationen, womit der Zeitaufwand reduziert wird.
Der größte Nachteil dieser Testhilfe ist der große Zeitaufwand. Für jeden Befehl, der überwacht wird, muß eine Zeile gedruckt werden. Ein weiterer Nachteil ist, daß die ausgegebenen Informationen in der Maschinensprache erscheinen. Die Beherrschung der Maschinensprache ist daher Voraussetzung, um die Informationen interpretieren zu können.
Bei nicht genügender Eingrenzung des Fehlers müssen große Teile des Programmes überwacht werden. Die ausgedruckten Listen sind dann nur noch schwer auswertbar.
Für den Einsatz von Ablaufverfolgern können folgende Regeln gegeben werden:
- Der Fehler läßt sich nicht mit statischen Testhilfen finden.
- Die Anzahl der Testfälle ist auf die fehlerhaften Fälle zu beschränken.

- Die Anzahl der überwachten Befehle ist auf ein Minimum zu beschränken.
- Bei der Überwachung von Befehlen in Schleifen ist möglichst nicht jeder Durchlauf auszudrucken.
- Der voraussichtliche Zeitbedarf für ein Programm mit Ablaufverfolger muß ermittelt werden.
- Bei der Ausgabe von Daten sind möglichst nur die Veränderungen auszugeben.
- Vor der Benutzung von Ablaufverfolgern sollte ein neutraler Programmierer oder die Systembetreuung zu Rate gezogen werden.

Abb. 16.1 zeigt ein Protokoll eines überwachten Programmes.

16.4. Datenträgervergleich

Diese Testhilfen sind erst bei größeren Datenmengen zweckmäßig einzusetzen, also beim Verfahrenstest oder Parallellauf. Ihre Vorteile sind:

- Schnellere Auswertung der Ergebnisse möglich.
- Bessere Auswertung der Ergebnisse möglich. Alle Veränderungen werden aufgezeigt und können überprüft werden.
- Bessere Übersichtlichkeit. Es wird mit weniger Papier gearbeitet.
- Weniger Maschinenzeit. Es müssen nicht die kompletten Dateien gedruckt werden.

Falls fast alle Informationen verändert werden, ist der Effekt nicht besonders groß. Vergleichsprogramme existieren für Bänder oder Platten und Bänder.

16.5. Sonstige Testhilfen

Veränderungen im Kernspeicher (z.B. CHANGE-Funktion des DEBUG im Platte-Betriebssystem der Siemens 4004): Diese Funktion ist besonders geeignet, um Übersetzungen einzusparen. Ihre Anwendung setzt allerdings detaillierte Kenntnisse über die Art der Informationsspeicherung im Kernspeicher voraus. Zweckmäßige Anwendungsformen sind:

- Konstante setzen.
- Bereiche auf definierten Zustand setzen.
- Zähler auf Anfangszustand bringen.
- Operanden verändern.

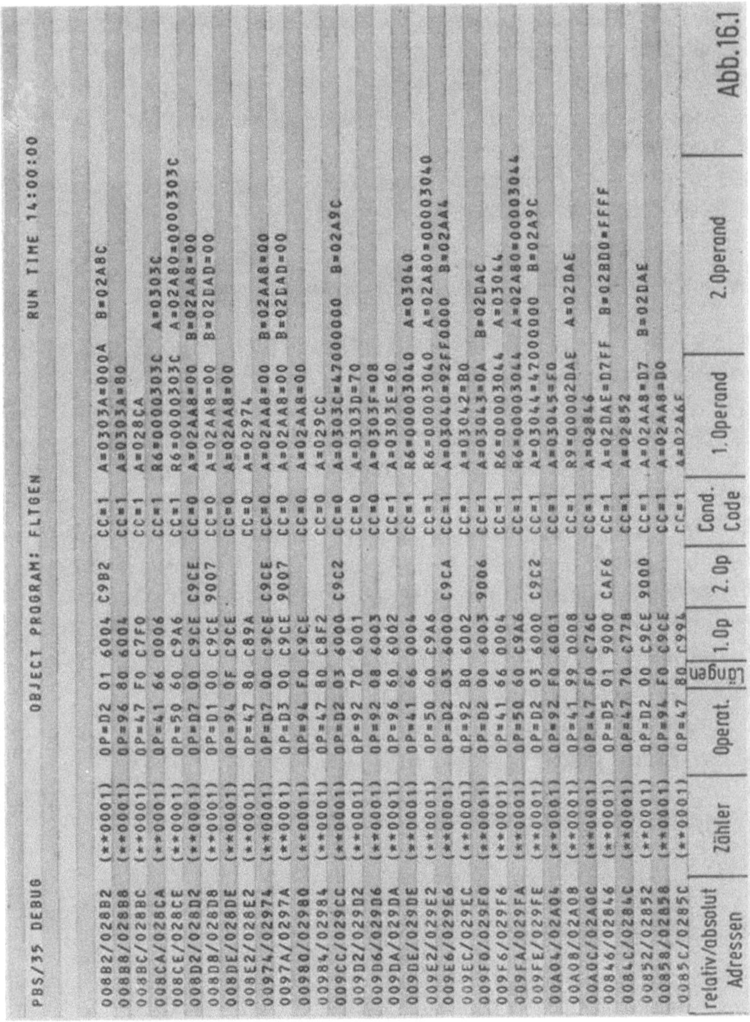

Abb. 16.1

Nicht besonders geeignet ist diese Methode für Abänderung von Befehlsfolgen, da hier die Gefahr zu groß ist, neue Fehler einzubauen.

Befehlszählerstop. Die entsprechenden Hardwareeinrichtungen sind schlecht zu handhaben und daher möglichst nicht zu benutzen. Wird diese Möglichkeit durch das Betriebssystem geboten, so kann sie u. U. zweckmäßig verwendet werden (z. B. Darstellung des Kernspeichers zu einem definierten Programmzustand).

Sprunganweisungen. Es lassen sich zusätzliche Modifizierungen am Programm anbringen. Sie können zu folgenden Zwecken benutzt werden:
- Überspringen von z. B. fehlerhaften Programmteilen.
- Änderung von Sprüngen.
- Änderung von bedingten Sprüngen.
- Einfügung von bedingten Sprüngen.

16.6. Testhilfen in symbolischer Anweisungsform

Die meisten Testhilfen müssen in maschinennaher Form angewendet werden. Einige lassen sich aber auch, z. B. in COBOL, in symbolischer Form anwenden. Der Nachteil dieser Form ist, daß sie mit in die Übersetzung eingegeben werden muß und nachträglich kaum noch zu ändern ist. Da zum Übersetzungszeitpunkt der Fehler noch nicht bekannt ist, kann also keine Testhilfe eingebaut werden. Es ist aber nicht besonders effektiv, eine neue Übersetzung durchzuführen, nur um Testhilfen einzubauen. Diese Methode ist nur dann zweckmäßig, wenn keine oder sehr wenige Kenntnisse des Programmaufbaues im Kernspeicher vorliegen und daher die anderen Testhilfen nicht verwendet werden können.

Möglichkeiten dieser Testhilfen sind:
- Inhalt von Datenfeldern drucken.
- Inhalt von geänderten Datenfeldern drucken.
- Durchlaufene Paragraphennamen ausdrucken.
- Beliebige abschaltbare Befehlsfolgen einfügen.
- Schnappschüsse (Assembler) einfügen.

16.7. Auswirkungen der Testhilfen

Es müssen zeitliche Auswirkungen und solche auf den Kernspeicherbedarf betrachtet werden. Die zeitlichen Auswirkungen betreffen den personellen Aufwand und den maschinellen Aufwand. Sie sind z. T. voneinander abhängig. Soll der personelle Aufwand verringert werden, so wird ein größerer Maschinenzeitaufwand erforderlich sein und umgekehrt.

Personelle Zeiten lassen sich durch Testhilfen wesentlich verkürzen. Die Leistung des Programmierers wird dadurch gesteigert.

Der Einsatz von Testhilfen verursacht zunächst meistens einen zusätzlichen maschinellen Aufwand (Ausnahmen sind Änderungen am ablauffähigen Programm). Da durch sie aber Testversuche eingespart werden können, dürfte bei sinnvoller Anwendung kein allzu großer Mehrbedarf an Maschinenzeit entstehen. Die sinnvolle Anwendung besteht darin, alle zeitverlängernden Testhilfen genau zu durchdenken und den Zeitbedarf auf die Notwendigkeiten zu reduzieren.

Zeitverlängernd sind alle Überwachungsfunktionen, wobei für jeden überwachten Befehl ohne Druck etwa der Faktor 100 und mit Druck der Faktor 1000 angenommen werden muß.

Auswirkungen auf den Kernspeicherbedarf. Diese Auswirkungen sind meist unerheblich. Nur bei kleineren Anlagen kann es zu Schwierigkeiten führen. Für die dynamischen Testhilfen werden z.B. bei der Siemens 4004 ca. 4 KB benötigt.

Testhilfe	Einsatz bei	Voraussetzung	zeitliche bzw. KSP-Bedingung	Vorteile bzw. Fehlerermittlung
Datenträgerumsetzung z.B. Karte/Band Band/Drucker Band/Großspeicher	Testdatenerzeugung Auswertung Testergebnisse	für Dateien, die nur maschinell bearbeitbar sind	selbstständige Programme	Fehler an Ergebnissen ermitteln, Testdatenerstellung
Testdatengenerator	Testdatenerzeugung	einfache Testfälle	selbstständiges Programm	keine manuelle Testdatenerstellung
Testmodul STXITR	allen Tests	Modul einbinden und aufrufen ca. 700 Bytes	bei vielen Fehlern Verlängerung durch Ausgabe d. Fehler	kein Abbruch bei Fehlern wie z.B.: Datenfehler, Divisionsfehler, Überlauffehler
Kernspeicherabzug	Programmabbruch	—	Druckzeit	universell verwendbar
Schnappschuß	Überwachung größerer Kernspeicherbereiche (Veränderungen)	muß einprogrammiert sein	Druckzeit	Situationsabzüge des Kernspeichers lassen Veränderungen erkennen
Trace Ablaufverfolger	dynamischen Fehlern	mit statischen Testhilfen nicht zu finden	Faktor 100 bei Überwachung 1000 falls gedruckt wird ca. 4 KB	Finden von schwierigen Fehlern
Befehlszählerstop	dynamische Fehler oder Konstellationsfehler	Definition des Stoppunktes	keine Zeitverlängerung	Erkennung von Konstellationsfehlern
Änderungsanweisung	Änderung von Daten in Programmen	Bestimmung d. relativen Maschinenadressen d. Daten	Einsparung von Übersetzungen	schnellere Testabwicklung
Sprunganweisung	Fehlerkorrektur, Umgehung von Programmzweigen	Bestimmung rel. Maschinenadressen, Kenntnis des Programmaufbaues	Einsparung von Übersetzungen	schnellere Testabwicklung
Datenträgervergleich	Auswertung von Testergebnissen	größere Datenmengen	Einsparung von Druckzeit	Ergebnisfehler, Erleichterung der Auswertung

Abb. 16.2

17. Dokumentation der Programme

Unter Dokumentation wird die komplette Sammlung aller Unterlagen eines Programmes verstanden, die sowohl für die Wartung des Programmes als auch in Teilen für die Abwicklung im Rechenzentrum benötigt wird. Die Hantierungsvorschrift ist schon im Kap. 9.8 behandelt worden, sie wird hier im Zusammenhang nochmals kurz gezeigt.

17.1. Zweck der Dokumentation

Die Dokumentation eines Programmes wird von den meisten Programmierern als ein notwendiges Übel angesehen. Die Beschreibungen, die aufgrund dieser Einstellung angefertigt werden, sind dann entsprechend. Die Notwendigkeit guter Programmbeschreibungen liegt aber auf der Hand. Sie werden zu folgenden Zwecken benötigt:

- Fehlersuche. Bei produktiv eingesetzten Programmen treten immer noch Fehler auf, die beseitigt werden müssen.
- Änderungen am Programm. Die Aufgabenstellung ändert sich, das Programm muß abgeändert werden.
- Revision. Es muß nachprüfbar sein, wie eine Arbeit durchgeführt wird.
- Personalwechsel. Bei der Programmierung oder der Pflege kann der Programmierer wechseln.
- Rekonstruktion. Bei Verlust des Objektprogrammes ist über die Beschreibung die Rekonstruktion möglich.
- Hantierungsvorschriften. Für den Betrieb im Rechenzentrum müssen eindeutige Rüst- und Bedienungsanweisungen vorliegen.

Die Dokumentation wird also aus vielen Gründen benötigt. Da die Programmentwicklung viel Geld kostet, darf nicht die Situation eintreten, daß durch fehlende oder unvollkommene Dokumentation Programme neu erstellt werden müssen.

Die Dokumentation gehört echt zur Aufgabenstellung eines Programmierers und muß auch bei der Zeitplanung berücksichtigt werden. Der geschätzte Zeitaufwand dafür wird mit etwa 9% des Gesamtaufwandes angegeben und ist daher nicht zu vernachlässigen.

17.2. Inhalt der Dokumentation

Es werden Unterlagen aufgeführt, die zur Beschreibung des Programmes dienen oder vom Programmierer für die Hantierung erstellt werden, sowie die dazugehörigen Programme.

Programmbeschreibung
- Pflichtenheft. Welche Sachverhalte beschrieben werden müssen, ist im Kap. 1 aufgeführt.
- Datenflußplan. Siehe hierzu Kap. 2.
- Programmablaufplan. Siehe hierzu Kap. 3.
- Befehlsfolge in symbolischer Sprache (z. B. Assembler oder COBOL-Liste). Benutzt wird dafür das Übersetzerprotokoll.
- Protokoll des Programmes in Maschinensprache (Kernspeicherabzug).
- Adreßbuch des übersetzten Programmes.
- Liste des erzeugten Maschinenprogramms. Die durch den Compiler erzeugten Befehle sind aufgelistet.
- Binderliste. Die Zusammensetzung des Programmes aus Modulen wird aufgezeigt. Maschinenadressen können ermittelt werden.
- Querverweisliste. Welche Adressen werden wo verwendet?
- Schlüsselverzeichnis. Aufstellung verwendeter Kennziffern, Schlüssel, Kartenarten, Satzarten usw. sowie deren Bedeutung.
- Datenträgerorganisation. Beschreibung der Dateien nach Aufbau, Inhalt, Einteilung, Art, Sortierung, Adressierung, Verwendung.
- Testunterlagen. Hierunter sind die zum Nachweis des erfolgreichen Tests erforderlichen Unterlagen zu verstehen (z. B. Testdaten, Testergebnisse).
- Fehlerkatalog. Katalog der Fehler, die durch das Programm erkannt und gemeldet werden.
- Programminterne Festlegungen. Hier sind alle Besonderheiten des Programmes zu beschreiben, wie z. B. Overlay und Modulstruktur, Verwendung von Weichen, Aufbau von Tabellen, Einschränkungen, Besonderheiten der Kernspeicherbelegung, Zeitbedingungen (falls erforderlich), Tricks.
- Voraussetzungen. Es sind sowohl Software- als auch Hardwarevoraussetzungen aufzuführen, also Betriebssystem mit Versionsnummer, Bibliotheksvoraussetzung für Umwandlung oder Ablauf (welche Module oder Makros müssen enthalten sein?) sowie Hardwarevoraussetzung für Umwandlung und Ablauf (z. B. Zeitgeber, Spurüberlaufeinrichtung, Datenfernübertragung, Binärzusatz usw.).

- Varianten. Läuft das Programm für unterschiedliche Benutzer in verschiedenen Varianten und welche sind dies?
- Verbale Kurzbeschreibung des Programmes.

Hantierungsbeschreibung (Kap. 9)
- Rüstvorschriften (Hantierungsvorschriftenblätter). Beschreibung der Vorbereitung der DV-Anlage für den Ablauf.
- Externe Speicherorganisation. Erstellung und Benutzung der Dateien eines Verfahrens.
- Hantierung bei Unterbrechung. Spezielle Hantierungsmaßnahmen bei auftretenden Unterbrechungen durch Fehler.

Programme und Testdaten
- Symbolischer Kartensatz oder entsprechende Aufbewahrung in einer Programmbibliothek.
- Objektprogramm in der Programmbibliothek.
- Testdatensatz auf Lochkarten oder magnetischen Datenträgern.

Verfahrens-beschreibung 1	Programm-beschreibung 2	Hantierungsvorschrift für DV-Anlage 3	Hantierungsvorschrift f. Vorbereitungs- u.Prüfarbeiten 4
Ist-Aufnahme			
Aufgabenstellung Pflichtenheft	Aufgabenstellung Pflichtenheft		
Datenflußpläne	Datenflußpläne	Datenflußpläne	Datenflußpläne
Termine, Beleglauf, Vorprüfungen			Termine, Beleglauf, Vorprüfungen
	Programmablaufpläne		
	Programminterne Festlegungen		
	Übersetzer-Protokolle		
			Arbeitsanweisung für konventionelle Maschinen
		Hantierungsvorschriften-Blätter	
Datenträger-Organisation	Datenträger-Organisation	Datenträger-Organisation	Datenträger-Organisation
	Externer Speicherablauf Dateiaufkleber	Externer Speicherablauf Dateiaufkleber	
	Hantierung bei Unterbrechung	Hantierung bei Unterbrechung	
Abschlußarbeiten			Abschlußarbeiten
Beschreibung	Beschreibung		

Abb. 17.1

17.3. Form der Dokumentation

Aus Zweckmäßigkeitsgründen muß die Dokumentation in einer normierten Form erfolgen, da dann Ablage und Suche von Unterlagen wesentlich erleichtert werden. Leider ist es sehr schwierig, mehrere programmierende Stellen zu einer Form der Dokumentation zu bewegen. Die äußeren Bedingungen können dabei eine Rolle spielen. Allerdings muß die äußere Form der Ablage nicht von primärer Bedeutung sein, wenn bestimmte Grundsätze berücksichtigt sind:

- Nur notwendige Unterlagen für die Dokumentation vorsehen.

.I...	Istaufnahme: Zielsetzung, Auswertung
.G...	Grundsatzfragen: Protokolle
	Grundsatzfragen: Schriftwechsel, Notizen
	Grundsatzfragen: Wirtschaftlichkeitsbetrachtungen, Freigabe
.K...	Konzept: Pflichtenheft
	Konzept: Datenflußplan, Beschreibung
.O...	Organisationsabläufe
.A...	Arbeitsanweisungen
.P...	Programm
	Lebenslauf/Übergabe: Programmdatenblatt Programmübergabeprotokoll Programmprotokoll
	Hantierung: Hantierungsvorschrift Arbeitsablaufplan DVS Beleglaufplan
Programm im engeren Sinn	Einzelkonzept: Pflichtenheft, Datenflußplan, Beschreibung
	Programmablaufpläne
	Übersetzerprotokoll
	Test: Testunterlagen, Testprotokoll

Abb. 17.2

- Keine doppelten Beschreibungen in der Dokumentation, da die Gefahr besteht, daß sie bei Änderungen nicht synchron geändert werden.
- Benutzung von Kopien (z. B. aus dem Pflichtenheft) falls bestimmte Unterlagen schon vorhanden sind.
- Möglichst keine Unterlagen in die Dokumentation, die schon bei der kleinsten Änderung manuell geändert werden müssen.
- Die Einteilung der Dokumentation soll so sein, daß sie eine Erstellung während der Programmierung erlaubt.

Beispiele für die Aufgliederung der Programmdokumentation sind in den Abb. 17.1 und 17.2 dargestellt.

17.4. Übergabe an die Pflegegruppe oder an das Rechenzentrum

Nach Fertigstellung der Programme wird die komplette Dokumentation an die Pflegegruppe, ein Teil davon an das Rechenzentrum übergeben. Bei dieser Übergabe werden gleichzeitig alle Unterlagen überprüft, der für die Hantierung vorhandene Teil vom Rechenzentrum. Dieses kann ungenügende Beschreibungen zurückweisen. Die Übernahme eines Programmes wird dann durch ein Protokoll bestätigt.
Entsprechend wird bei den Unterlagen verfahren, die der Programmpflege übergeben werden. Hier kann aber zunächst die interne Revision eingeschaltet werden, um die Unterlagen zu überprüfen.
Der Änderungsdienst der Dokumentation wird generell nur von der Pflegegruppe ausgeführt. Die Änderungen selbst müssen dokumentiert werden (Kap. 18).

17.5. Unterlagensicherung

Die Anzahl und die Lagerung der Unterlagen müssen so reglementiert sein, daß der Verlust verhindert wird und Ersatzexemplare vorhanden sind oder wieder hergestellt werden können. Diese Reglementierung muß den örtlichen Gegebenheiten angepaßt werden. Der Aufwand dafür muß minimiert werden und die Durchführung automatisch erfolgen, da diese Maßnahmen sonst unterlassen werden. Es ist z. B. zweckmäßig:
- Das ablauffähige Programm muß im Rechenzentrum in zweifacher Ausführung gespeichert sein.
- Die Programmbeschreibung und der symbolische Kartensatz sind bei der Programmierung aufzubewahren (anderes Gebäude).
- Archivierung der vorletzten Programmliste mit handschriftlichen Änderungen an einem dritten Ort.
- Wiedergewinnung von Unterlagen aus Originalen (Transparent usw.) durch Aufbewahrung dieser bei einer unabhängigen Stelle.
- Lagerung der Unterlagen in zerstörungssicheren Schränken.

Bei folgenden Voraussetzungen sind vereinfachte Sicherungsmaßnahmen vertretbar:
- Wird das Programm an verschiedenen Standorten verwendet und ist dort ebenfalls eine vollständige oder Teildokumentation vorhanden, können die Maßnahmen reduziert werden.
- Ist die Neuerstellung einer Dokumentation einfacher und billiger als die dauernde Sicherstellung, so sind nur die zur Sicherstellung des Ablaufs erforderlichen Maßnahmen durchzuführen.
- Bei einmaligen Arbeiten ist der Sicherungsaufwand nicht erforderlich.

18. Programmpflege

Bei jedem Verfahren im praktischen Einsatz ist es erforderlich, Änderungen durchzuführen, um es den geänderten Bedingungen anzupassen. Änderungsursachen können sein:
- Fehlerbereinigung. Neu entdeckte Fehler müssen beseitigt werden.
- Sachliche Änderungen. Gesetzliche Änderungen verändern z. B. die sachlichen Anforderungen (Lohnfortzahlung).
- Verbesserungen. Es werden Optimierungen durchgeführt.
- Erweiterungen. Das Verfahren soll für weitere Benutzer angepaßt werden.

Alle Arbeiten erfordern, daß an einem fertigen Programm Änderungen durch Programmierer ausgeführt werden, die dieses nicht erstellt haben. Diese Arbeit kann daher nur von qualifizierten Programmierern ausgeführt werden.

18.1. Voraussetzungen für den Pflegedienst

Pflegearbeiten sind nur auszuführen, wenn eine vollständige und übersichtliche Dokumentation vorhanden ist. Die Funktionen und Zusammenhänge des Programmes müssen dem Programmierer, der ändern soll, bekannt sein. Besondere Vorkehrungen sind bei Programmen erforderlich, wenn ein häufiger Änderungsdienst auftritt. Diese Arbeiten sind nur zu bewältigen, wenn eine klare Gliederung der Funktionen des Programmes vorhanden ist, die Programmteile in der Konzeption variabel sind (Steuerung durch Parameter) oder ein Generatorprinzip verwendet wird, wobei die Funktionen durch Steuerkarten generiert werden können.
Auch die verwendete Programmiersprache beeinflußt den Pflegedienst. Programme, die in einer höheren Programmiersprache erstellt sind, sind wesentlich einfacher zu pflegen als in anderen Sprachen.
Eine weitere Voraussetzung für eine ordnungsgemäße Abwicklung der Programmpflege kann in der Einsetzung einer Pflegegruppe gesehen werden. Ihr obliegen folgende Arbeiten:
- Überwachung der Abläufe.
- Fehlersuche (bei Bedarf).
- Durchführung von Änderungen an Programmen.
- Fehlerbereinigung an Datenbeständen.
- Führung einer aktuellen Dokumentation.

Ist die Pflegegruppe mit der Betriebsgruppe zusammengefaßt, so sind weitere Aufgaben vorhanden:
- Vorgabe der Arbeit nach Terminen und ihre Überwachung.
- Vorgabe von externen Speicherablaufplänen.
- Überwachung von Freigaben für Datenträger.
- Zeitüberwachung (Ablaufzeiten).

Zweckmäßigerweise werden diese voneinander abhängigen Arbeiten von einer Gruppe ausgeführt, die schon zum Zeitpunkt des Verfahrenstestes und des Parallellaufes einzusetzen ist und damit genügend Zeit zur Einarbeitung in das Verfahren hat.

18.2. Durchführung von Änderungen

Neben langfristige Änderungen (z. B. Optimierungen, Anpassungen) gibt es kurzfristige (z. B. Fehlerbereinigung). Bei langfristigen Änderungen ist eine Zusammenfassung mehrerer kleiner Änderungen zu einem größeren Paket sinnvoll, da dann der Aufwand für neue Programmversionen geringer wird. Die Änderung kann parallel zu Abläufen in ungeänderter Fassung erfolgen.

Kurzfristige Änderungen sind erforderlich, wenn während eines Ablaufes ein Fehler erkannt wird und sofort berichtigt werden muß. Diese Änderungen können manchmal aus Zeitmangel nicht voll (Dokumentation, Test usw.) durchgeführt werden.

Eine spezielle Form der kurzfristigen Änderung ist die Änderung im Objekt-Code. Bei den Anlagen der dritten Generation besteht die Möglichkeit, Programme im Objekt-Code auszubessern (Kap. 14.7). Dies ist allerdings nur einem Programmierer möglich, der detaillierte Kenntnisse der Programmstruktur im Objekt-Code hat.

Im Platte-Betriebssystem der Siemens 4004/35-55 besteht die Möglichkeit, diese Änderungen mit DEBUG auszuführen. Zur Dokumentation muß dann auch das Blattschreiber-Protokoll herangezogen werden, da die zum Ablaufzeitpunkt durchgeführten Änderungen dort protokolliert werden.

Eine weitere Möglichkeit besteht darin, über PATCH-Funktionen die Bibliothek zu ändern. Dieser Weg ist allerdings relativ umständlich und bietet viele Fehlermöglichkeiten, so daß er nur in Ausnahmefällen zu praktizieren ist. Auch bestehen erhebliche Bedenken der internen Revision gegen diese Möglichkeit, da Manipulationen denkbar sind.

Zu erwähnen sind noch Pflegearbeiten an Verfahren mit mehreren Benutzern. Verfahren, die in mehreren Rechenzentren in unterschiedlichen Standorten ablaufen, können zusätzliche Schwierigkeiten verursachen. Die Überwachung kann nicht allein durch die Pflegegruppe erfolgen, Klärungen von Fehlern werden komplizierter, die Programme müssen nicht vollständig identisch sein (z.B. Anlagenunterschiede wirken sich aus). Durch eine entsprechende Organisation des Pflegedienstes ist sicherzustellen, daß notwendige Maßnahmen durchgeführt werden.

18.3. Dokumentation der Änderungen

Über jede Änderung eines Programmes muß ein Protokoll so geführt werden, daß die Entwicklung eines Programmes oder Verfahrens zurückzuverfolgen ist. Nur so können länger vorhandene Fehler in ihrer Entstehung aufgeklärt werden. Folgende Fakten müssen erkennbar sein:

- Grund der Änderung,
- Veranlasser,
- Einsatztermin der geänderten Version,
- Geänderte Unterlagen,
- Freigabe der Änderung,
- Übernahme durch das Rechenzentrum.

Auf einem speziellen Formblatt lassen sich die Änderungen dokumentieren (Abb. 18.1).
Selbstverständlich muß auch die Programm- und Verfahrensdokumentation auf den neuesten Stand gebracht werden. Die alten Unterlagen werden aufgehoben, damit spätere Vorkommnisse rekonstruiert werden können.

18.4. Test von Änderungen

Änderungen an bestehenden Programmen bergen die Gefahr in sich, daß durch eine Änderung der relativ komplizierten Struktur eines Programmes Fehler eingebaut werden. Eine klare Programmgliederung und Beschreibung vermindern zwar diese Gefahr, können sie aber nicht beseitigen. Die detaillierten Tests, wie sie bei der Programmerstellung üblich sind, lassen sich hier kaum durchführen, wären aber durchaus zweckmäßig. Die folgenden Maßnahmen sind realistisch:

- Anlage von Testdatenbeständen (gehört zur Dokumentation).

An					
Programmbezeichnung:					
Programm-Nummer:				DVA:	
Grund der Änderung:					

Folgende Unterlagen werden geändert übergeben:				(Zutreffendes ankreuzen [X])	
1. Programm	1.1	Symbolisches Programm	☐	Datenträger:	
	1.2	Maschinen-Programm	☐	Datenträger:	
	1.3	System-Steuerkarten	☐	Anzahl:	
2. Hantierungs-Ordner	2.1	Hantierungsvorschrift	☐	Blatt:	
	2.2	Arbeitsablaufplan	☐	Blatt:	
	2.3	Beleglauf	☐	Blatt:	
3. Sonstiges	3.1		☐		
	3.2		☐		
	3.3		☐		
Einsatz der Änderung ab:					

Durchführung der Änderung:	(Erläuterungen zu 1.1 bis 3.3 eintragen)

Freigabe der Änderung:	Geänderte Unterlagen übernommen:

Abb. 18.1

- Erweiterung der Testdaten, damit der geänderte Teil genügend ausgetestet wird.
- Test des geänderten Programmes mit diesen Daten.
- Test des oder der Nachfolgeprogramme.
- Auswertung der Ergebnisse, bei Fehlern Wiederholung des Testes.

- Abnahme der Testergebnisse durch die Fachabteilung.
- Übergabe der neuen Programmversion und der notwendigen Unterlagen an das Rechenzentrum.
- Produktiver Einsatz.
- Genaue Überwachung der ersten Abläufe.
- Dateien aus Sicherheitsgründen länger als normal sperren.

Werden diese Maßnahmen beachtet, so dürfte der Einsatz der geänderten Programmversion keine Schwierigkeiten bereiten.

19. Benutzung der geeigneten Programmiersprache

Es gibt eine ganze Anzahl von Programmiersprachen, die z.T. universell verwendbar, z.T. für ganz begrenzte Aufgabenstellungen konzipiert sind. Die Thematik soll hier auf Programmiersprachen begrenzt werden, die für kommerzielle Aufgaben einsetzbar und relativ weit verbreitet sind. Es ist nicht beabsichtigt, eine umfassende Darstellung zu geben. Ziel ist lediglich, eine Methode für die Auswahl aufzuzeigen. Folgende Sprachen sind im kommerziellen Bereich einsetzbar:

- Assembler   maschinenorientierte Sprache
- COBOL   kommerziell orientierte Sprache
- ALGOL   } technisch-wissenschaftlich orientierte Sprachen
- FORTRAN
- PL/1   universelle Sprache
- LPG   Listenprogrammgenerator.

Die technisch-wissenschaftlich orientierten Sprachen sind nicht prinzipiell auszuschließen, da auch mathematische Verfahren zur Bewältigung kommerzieller Probleme benutzt werden.
Es gibt keine universell optimale Sprache, sondern für jedes Problem oder jeden Benutzer eine optimale Sprache. Für die Auswahl der geeigneten Sprache ist es wichtig, die Eigenschaften der Sprachen miteinander zu vergleichen. Dieser Vergleich ist allerdings relativ schwierig, da die Ergebnisse in einigen Punkten von Hersteller zu Hersteller unterschiedlich sein können. Abb. 19.1 kann deshalb nur als Muster eines Vergleiches angesehen werden. Ein zusätzliches Vergleichskriterium könnte die Umwandlungszeit sein, weitere Kriterien und eine feinere Aufgliederung der Kriterien sind möglich.

	Assembler	COBOL	ALGOL	FORTRAN	PL/1	LPG
Anwendung	universell	kommerziell orientiert	technisch-wissenschaftlich (rechenintensiv)	technisch-wissenschaftlich (rechenintensiv)	universell	Ein-Ausgabe orientiert
Erlernbarkeit	großes Detailwissen erforderlich (3-5 Wochen)	mittel (2-3 Wochen)	mittel (1-2 Wochen)	mittel (1-2 Wochen)	größer (3 Wochen)	leicht (1 Woche)
Schreibaufwand	je Maschinenbefehl eine Anweisung, aufwendig	groß, aber nur eine Anweisung für ca. 3-4 Maschinenbefehle	gering	gering	weniger als COBOL	minimal
Laufzeit des Objektprogrammes	Optimal	bei rechenintensiven Programmen länger	mittelschnell	schnell	wie COBOL	langsam
Kernspeicherbedarf d. Objektprogrammes	Optimal	ca. 25% über Optimum	bis zu ca. 40% über Optimum	bis zu ca. 35% über Optimum	ca. 25% über Optimum	aufwendig, Standardlogik immer enthalten
Dateibearbeitung	alle Geräte zugelassen keine Einschränkungen	geringfügige Einschränkungen	nur beschränkt möglich	nur beschränkt möglich	geringfügige Einschränkungen	gut
Dokumentation	neben Umwandlungslisten zusätzliche Erläuterungen notwendig	Programmliste ist nur geringfügig zu ergänzen	ausreichend durch Programmliste	ausreichend durch Programmliste	u.U. geringfügig zu ergänzen	schlecht
Test	Fehlerhäufigkeit groß, Test ist aufwendiger	Logikfehler sind leicht, sonstige Fehler mittel	besser als COBOL	wie COBOL	besser als COBOL	schnell, Fehler sind aber schwer zu finden
Programmpflege	aufwendig durch die Feinstruktur	leicht	leicht	leicht	leicht	schlecht zu pflegen
Kompatibilität	nicht kompatibel	fast voll kompatibel	voll kompatibel	voll kompatibel	bisher nicht genormt, teilweise kompatibel	nicht kompatibel

Abb. 19.1

Die Auswahlmöglichkeit der Sprachen wird von vornherein durch die Ausbildung der Programmierer eingeschränkt. Nur in Ausnahmefällen — bei großen Aufgaben — kann eine zusätzliche Ausbildung in Betracht gezogen werden.

	Wichtung	Assembler	COBOL	ALGOL	FORTRAN	PL/1	LPG
Programmieraufwand	1	4	2	2	2	3	1
Laufzeit (Objektprogramm nur interne Zeit)	3	1	3	3	2	3	5
Kernspeicherbedarf	2	1	3	3	3	3	5
Dateibearbeitung	1	1	1	3	3	1	1
Dokumentation	1	3	1	2	2	1	4
Testzeit	2	4	2	2	2	2	1
Programmpflege	1	4	1	2	2	1	5
Kompatibilität	2	5	1	1	1	3	5

1 = am besten geeignet bzw. höchste Wichtung

Abb. 19.2

rufendes Programm \ aufgerufenes Programm	Assembler	COBOL	ALGOL	FORTRAN	LPG
Assembler	X	X	(X)	X	(X)
COBOL	X	X	(X)	X	—
ALGOL	X	(X)	X	X	—
FORTRAN	X	X	—	X	—
LPG	X	(X)	(X)	(X)	—

X = ohne Umweg Assembler möglich
(X) = bedingt möglich
— = nicht möglich

Abb. 19.3

Abb. 19.2 zeigt die Leistungsrelation zwischen den einzelnen Sprachen, wobei diese herstellerabhängig sein kann. Der Wichtungsfaktor für die einzelnen Leistungskriterien muß problembezogen festgelegt werden. Aus der Summe von Wichtungsfaktoren mal Leistungsrelation kann dann die optimale Sprache durch den kleinsten Summenwert bestimmt werden. Für ein Programm können durchaus verschiedene Module in verschiedenen Sprachen geschrieben sein. Zusätzliche Kriterien sind die Qualität des Übersetzers, Erfahrungen in der Anwendung sowie die Frage, ob ein Programm häufig oder nur einmal abläuft. Bei einmalig ablaufenden Programmen ist im wesentlichen nur die Programmierzeit ausschlaggebend, alle anderen sind nicht von Bedeutung.

Unter Umständen muß auch noch berücksichtigt werden, daß sich bestimmte Aufgaben nur in der Assemblersprache realisieren lassen.
Nicht jede Verknüpfung von Programmteilen ist in den verschiedenen Sprachen ohne weiteres möglich. Abb. 19.3 zeigt für die Siemens 4004 die zugelassenen Möglichkeiten. Nicht jede zugelassene Möglichkeit muß auch sinnvoll anzuwenden sein.

20. Zusammenarbeit mit der System- und Programmbetreuung

Die Informationsmenge über die dritte Rechnergeneration ist so groß, daß sie vom Normalprogrammierer nicht mehr übersehen werden kann. Der Programmierer beherrscht nur noch die Fakten, die er zur täglichen Arbeit benötigt.
Zur Klärung bestimmter Vorgänge sind manchmal zusätzliche Kenntnisse über Soft- oder Hardware erforderlich. Außerdem ist es erforderlich, die vorhandene Software zu pflegen und auf dem neuesten Stand zu halten. Für diese und noch weitere Aufgaben wird zweckmäßigerweise ein speziell ausgebildeter Programmierer eingesetzt, der allen übrigen zur Beratung zur Verfügung steht.
Je nach Einsatzart und Aufgabe kann man Programmbetreuer und Systembetreuer unterscheiden. Die Aufgaben des Programmbetreuers liegen im wesentlichen in der Beratung der Programmierung. Der Systembetreuer hat im Rechenzentrum die Betreuung des Systems und der Bibliotheken durchzuführen. Diese Teilung der Betreuungsaufgabe muß allerdings nicht vorhanden sein. Ein Betreuer kann durchaus beide Aufgaben wahrnehmen.
Die Schaffung einer Betreuerfunktion und die damit verbundene Spezialisierung wirken sich positiv auf die Leistung der Programmierung aus. Der Betreuer kann, wie schon beim Test gezeigt, zur Fehlersuche herangezogen werden, wenn der Programmierer den Fehler nicht findet. Erfahrungsgemäß kann die Fehlersuche dadurch beschleunigt werden.
Die System- und Programmbetreuung hat folgende Einzelaufgaben wahrzunehmen:

Beratung und Betreuung bei der Verfahrensentwicklung
- Mithilfe bei der Konzipierung neuer Verfahren.

- Festlegung von Datenträgern und Speicherungsformen.
- Festlegung von Ablauffolgen.
- Datensicherung.

Programmorientierte Betreuung

- Auswahl von Programmiersprachen.
- Einsatz von Anwendersoftware und Dienstroutinen.
- Hilfe bei der Programmierung und Fehlersuche.
- Hilfe bei der Umstellung auf neue Betriebssysteme.
- Verbesserung von Testmethoden.
- Optimierung von Programmen in bezug auf Zeitbedarf und Kernspeicherbelegung.

Systemorientierte Betreuung

- Auswahl, Prüfung und Überwachung von Betriebssystemen.
- Fehlererkennung und Fehlermeldung an Systemprogrammen.
- Umstellung der Bibliotheken auf neue Betriebssysteme.
- Freigabe und Einsatzsteuerung neuer Betriebssystemversionen.
- Gesprächspartner zum Hersteller.

Anwendersoftware

- Koordination bei der Entwicklung eigener Software.
- Erstellen neuer Standardprogramme und Module.
- Erweiterung vorhandener Standardprogramme und Module.
- Umstellung auf andere Betriebssysteme.

Erfahrungsaustausch und Weiterbildung

- Teilnahme an Betreuertreffen.
- Veröffentlichung von neuen Programmiererfahrungen, Standards usw.
- Durchführung eines internen Erfahrungsaustausches.
- Durchführung von Weiterbildungsveranstaltungen.
- Gesprächspartner zu anderen DV-Anwendern.

Festlegung von Konventionen

- Schaffung einheitlicher Konventionen für Planung, Programmierung und Abwicklung.
- Pflege- und Änderungsdienst der Vorschriften.

DV-Literatur

- Beratung bei der Beschaffung von DV-Unterlagen.
- Archivierung und Wartung der Bibliothek mit DV-Unterlagen, Zeitschriften und Büchern.

Heidelberger Taschenbücher

Physik — Chemie — Technik

1. M. Born: Die Relativitätstheorie Einsteins. 5. Auflage. DM 10,80
2. K. H. Hellwege: Einführung in die Physik der Atome. 3. Auflage. DM 8,80
6. S. Flügge: Rechenmethoden der Quantentheorie. 3. Auflage. DM 10,80
7/8. G. Falk: Theoretische Physik I und Ia auf der Grundlage einer allgemeinen Dynamik.
Band 7: Elementare Punktmechanik (I). DM 8,80
Band 8: Aufgaben und Ergänzungen zur Punktmechanik (Ia). DM 8,80
9. K. W. Ford: Die Welt der Elementarteilchen. DM 10,80
10. R. Becker: Theorie der Wärme. DM 10,80
11. P. Stoll: Experimentelle Methoden der Kernphysik. DM 10,80
13. H. S. Green: Quantenmechanik in algebraischer Darstellung. DM 8,80
16/17. A. Unsöld: Der neue Kosmos. DM 18,—
19. A. Sommerfeld/H. Bethe: Elektronentheorie der Metalle. DM 10,80
20. K. Marguerre: Technische Mechanik. I. Teil: Statik. DM 10,80
21. K. Marguerre: Technische Mechanik. II. Teil: Elastostatik. DM 10,80
22. K. Marguerre: Technische Mechanik. III. Teil: Kinetik. DM 12,80
27/28. G. Falk: Theoretische Physik II und IIa.
Band 27: Allgemeine Dynamik. Thermodynamik (II). DM 14,80
Band 28: Aufgaben und Ergänzungen zur Allgemeinen Dynamik und Thermodynamik (IIa). DM 12,80
30. R. Courant/D. Hilbert: Methoden der mathematischen Physik I. DM 16,80
31. R. Courant/D. Hilbert: Methoden der mathematischen Physik II. DM 16,80
33. K. H. Hellwege: Einführung in die Festkörperphysik I. DM 9,80
34. K. H. Hellwege: Einführung in die Festkörperphysik II. DM 12,80
35. K. H. Hellwege: Einführung in die Festkörperphysik III
37. V. Aschoff: Einführung in die Nachrichtenübertragungstechnik. DM 11,80
52. H. M. Rauen: Chemie für Mediziner — Übungsfragen. DM 7,80
53. H. M. Rauen: Biochemie — Übungsfragen. DM 9,80
55. H. N. Christensen: Elektrolytstoffwechsel. DM 12,80
59/60. C. Streffer: Strahlen-Biochemie. DM 14,80
63. Z. G. Szabó: Anorganische Chemie. DM 14,80
71. O. Madelung: Grundlagen der Halbleiterphysik. DM 12,80
72. M. Becke-Goehring/H. Hoffmann: Komplexchemie. DM 18,80
75. Technologie der Zukunft. Hrsg. von R. Jungk. DM 15,80
79. E. A. Kabat: Einführung in die Immunchemie und Immunologie. DM 18,80
81. K. Steinbuch: Automat und Mensch. 4., neub. Aufl. DM 16,80
85. W. Hahn: Elektronik-Praktikum
93. O. Komarnicki: Programmiermethodik. DM 14,80

Mathematik — Ökonometrie — Wirtschaftswissenschaft

12 **B. L. van der Waerden: Algebra I.** 8. Auflage der Modernen Algebra. DM 10,80
14 **A. Stobbe: Volkswirtschaftliches Rechnungswesen.** 2. Auflage. DM 12,80
15 **L. Collatz/W. Wetterling: Optimierungsaufgaben.** DM 10,80
23 **B. L. van der Waerden: Algebra II.** 5. Auflage der Modernen Algebra. DM 14,80
26 **H. Grauert/I. Lieb: Differential- und Integralrechnung I.** 2. Auflage. DM 12,80
30 **R. Courant/D. Hilbert: Methoden der mathematischen Physik I.** 3. Auflage. DM 16,80
31 **R. Courant/D. Hilbert: Methoden der mathematischen Physik II.** 2. Auflage. DM 16,80
36 **H. Grauert/W. Fischer: Differential- und Integralrechnung II.** DM 12,80
38 **R. Henn/H. P. Künzi: Einführung in die Unternehmensforschung I.** DM 10,80
39 **R. Henn/H. P. Künzi: Einführung in die Unternehmensforschung II.** DM 12,80
40 **M. Neumann: Kapitalbildung, Wettbewerb und ökonomisches Wachstum.** DM 9,80
43 **H. Grauert/I. Lieb: Differential- und Integralrechnung III.** DM 12,80
44 **J. H. Wilkinson: Rundungsfehler.** DM 14,80
49 **Selecta Mathematica I.** Verf. und hrsg. von K. Jacobs. DM 10,80
50 **H. Rademacher/O. Toeplitz: Von Zahlen und Figuren.** DM 8,80
51 **E. B. Dynkin/A. A. Juschkewitsch: Sätze und Aufgaben über Markoffsche Prozesse.** DM 14,80
56 **M. J. Beckmann/H. P. Künzi: Mathematik für Ökonomen I.** DM 12,80
62 **K. W. Rothschild: Wirtschaftsprognose. Methoden und Probleme.** DM 12,80
64 **F. Rehbock: Darstellende Geometrie.** 3. Auflage. DM 12,80
65 **H. Schubert: Kategorien I.** DM 12,80
66 **H. Schubert: Kategorien II.** DM 10,80
67 **Selecta Mathematica II.** Hrsg. von K. Jacobs. DM 12,80
73 **G. Pólya/G. Szegö: Aufgaben und Lehrsätze aus der Analysis I.** DM 12,80
74 **G. Pólya/G. Szegö: Aufgaben und Lehrsätze aus der Analysis II.** DM 14,80
78 **A. Heertje: Grundbegriffe der Volkswirtschaftslehre.** DM 10,80
80 **F. L. Bauer/G. Goos: Informatik. Erster Teil.** DM 9,80
85 **W. Hahn: Elektronik-Praktikum.**
86 **Selecta Mathematica III.** Hrsg. von K. Jacobs. DM 12,80
87 **H. Hermes: Aufzählbarkeit, Entscheidbarkeit, Berechenbarkeit.** 2. Auflage. DM 14,80
90 **A. Heertje: Grundbegriffe der Volkswirtschaftslehre II**
92 **J. Schumann: Grundzüge der mikroökonom. Theorie**

Medizin — Biologie

- 3 W. Weidel: Virus- und Molekularbiologie. 2. Auflage. DM 5,80
- 4 L. S. Penrose: Einführung in die Humangenetik. DM 8,80
- 5 H. Zähner: Biologie der Antibiotica. DM 8,80
- 18 F. Lembeck/K.-F. Sewing: Pharmakologie-Fibel. DM 5,80
- 24 M. Körner: Der plötzliche Herzstillstand. DM 8,80
- 25 W. Reinhard: Massage und physikalische Behandlungsmethoden. DM 8,80
- 29 P. D. Samman: Nagelerkrankungen. DM 14,80
- 32 F. W. Ahnefeld: Sekunden entscheiden — Lebensrettende Sofortmaßnahmen. DM 6,80
- 41 G. Martz: Die hormonale Therapie maligner Tumoren. DM 8,80
- 42 W. Fuhrmann/F. Vogel: Genetische Familienberatung. DM 8,80
- 45 G. H. Valentine: Die Chromosomenstörungen. DM 14,80
- 46 R. D. Eastham: Klinische Hämatologie. DM 8,80
- 47 C. N. Barnard/V. Schrire: Die Chirurgie der häufigen angeborenen Herzmißbildungen. DM 12,80
- 48 R. Gross: Medizinische Diagnostik — Grundlagen und Praxis. DM 9,80
- 52 H. M. Rauen: Chemie für Mediziner — Übungsfragen. DM 7,80
- 53 H. M. Rauen: Biochemie — Übungsfragen. DM 9,80
- 54 G. Fuchs: Mathematik für Mediziner und Biologen. DM 12,80
- 55 H. N. Christensen: Elektrolytstoffwechsel. DM 12,80
- 57/58 H. Dertinger/H. Jung: Molekulare Strahlenbiologie. DM 16,80
- 59/60 C. Streffer: Strahlen-Biochemie. DM 14,80
- 61 Herzinfarkt. Hrsg. von W. Hort. DM 9,80
- 68 W. Doerr/G. Quadbeck: Allgemeine Pathologie. DM 5,80
- 69 W. Doerr: Spezielle pathologische Anatomie I. DM 6,80
- 70a W. Doerr: Spezielle pathologische Anatomie II. DM 6,80
- 70b W. Doerr/G. Ule: Spezielle pathologische Anatomie III. DM 6,80
- 76 H.-G. Boenninghaus: Hals-Nasen-Ohrenheilkunde für Medizinstudenten. DM 12,80
- 77 F. D. Moore: Transplantation. DM 12,80
- 79 E. A. Kabat: Einführung in die Immunchemie und Immunologie. DM 18,80
- 82 R. Süss/V. Kinzel/J. D. Scribner: Krebs — Experimente und Denkmodelle. DM 12,80
- 83 H. Witter: Grundriß der gerichtlichen Psychologie und Psychiatrie. DM 12,80
- 84 H.-J. Rehm: Einführung in die industrielle Mikrobiologie. DM 14,80
- 88 W. Bronisch: Psychiatrie und Neurologie
- 89 G. L. Floersheim: Transplantationsbiologie
- 91 H. Matthys: Medizinische Tauchfibel

MIX
Papier aus verantwortungsvollen Quellen
Paper from responsible sources
FSC® C105338

If you have any concerns about our products,
you can contact us on
ProductSafety@springernature.com

In case Publisher is established outside the EU,
the EU authorized representative is:
**Springer Nature Customer Service Center GmbH
Europaplatz 3, 69115 Heidelberg, Germany**

Printed by Libri Plureos GmbH
in Hamburg, Germany